2008-2012
どうなる日本経済

国際エコノミスト
今井 澂

最後の黄金時代が来た

かくて日本はツキまくる

幸福の科学出版株式会社

はじめに

ジワジワと、しかし確実に私たちの周囲で時代が変わりつつあります。

ごく一例を挙げましょう。物価です。

ひところ「二一世紀はデフレ」などという本が店頭に山積みされていました。また毎月発表される消費者物価指数も前年比マイナス。

ところが食料品やガソリンなど、続々と値上げされ始め、私を含めた一般大衆の実感は、「もうデフレではなく、インフレ前夜」というところでしょう。

政府や日銀はまだ「食料、エネルギーを除いたコア・インフレ率がマイナスなのですから、まだまだデフレ」と言います。庶民の感覚とズレています。

コア物価の中身を見ると、パソコンやデジカメなどの性能向上を「価格下落」と計算するのが、このズレの理由です。例えば最近の統計で見ると、ノート型パソコンは前年比二九％、デジカメは三二％下落した計算です。

しかしある調査では「実感としての物価上昇率」は三・七％に達しました。となると、庶民としてはインフレ防衛策を考えなければなりません。

財産保全策としては、デフレ時代には預貯金が一番です

デフレの一二年間に日本の物価はざっと二〇％近く下落しました。利息は微々たるものでも、実質的に物価下落分だけ儲かりました。

しかし今後インフレにジワジワと変わってゆくと、預貯金の利息は物価上昇率に及びませんから、財産は目減りしてゆきます。

流れが変わった背景は、世界中で日本がかつて経験した近代化が始まり、資源の取り合いが起こっているからです。

だから「困った、困った」と言って嘆いているだけではダメです。季節が変わったら着物を着替えるのに似て、対応策をとらなければなりません。天気予報をテレビで見て、明日はカサがいるかな、と考えるようなものです。

この本は、天気予報に似ています。読者の方々のご参考になるよう私なりの見方をまとめました。

流れを読み取って賢く、楽しく生きてゆかれるよう念じています。

この本は私の二七冊目の本ですが、ザ・リバティ編集部の村上俊樹さんの聞き上手と人柄にほだされて書きました。村上さんの助力なくしてこの本はなかったと思います。記してお礼といたします。

平成一九年八月　今井澂

日本最後の黄金時代が来た◎目次

第二部　日本経済　最後の黄金時代

第一部

なぜ先が読めるのか？——今井式情報活用術

——私がなぜ、これまで数多くの経済予測に成功してこられたのか。
まずその理由をお話しします。

きた——今井澂 予測履歴

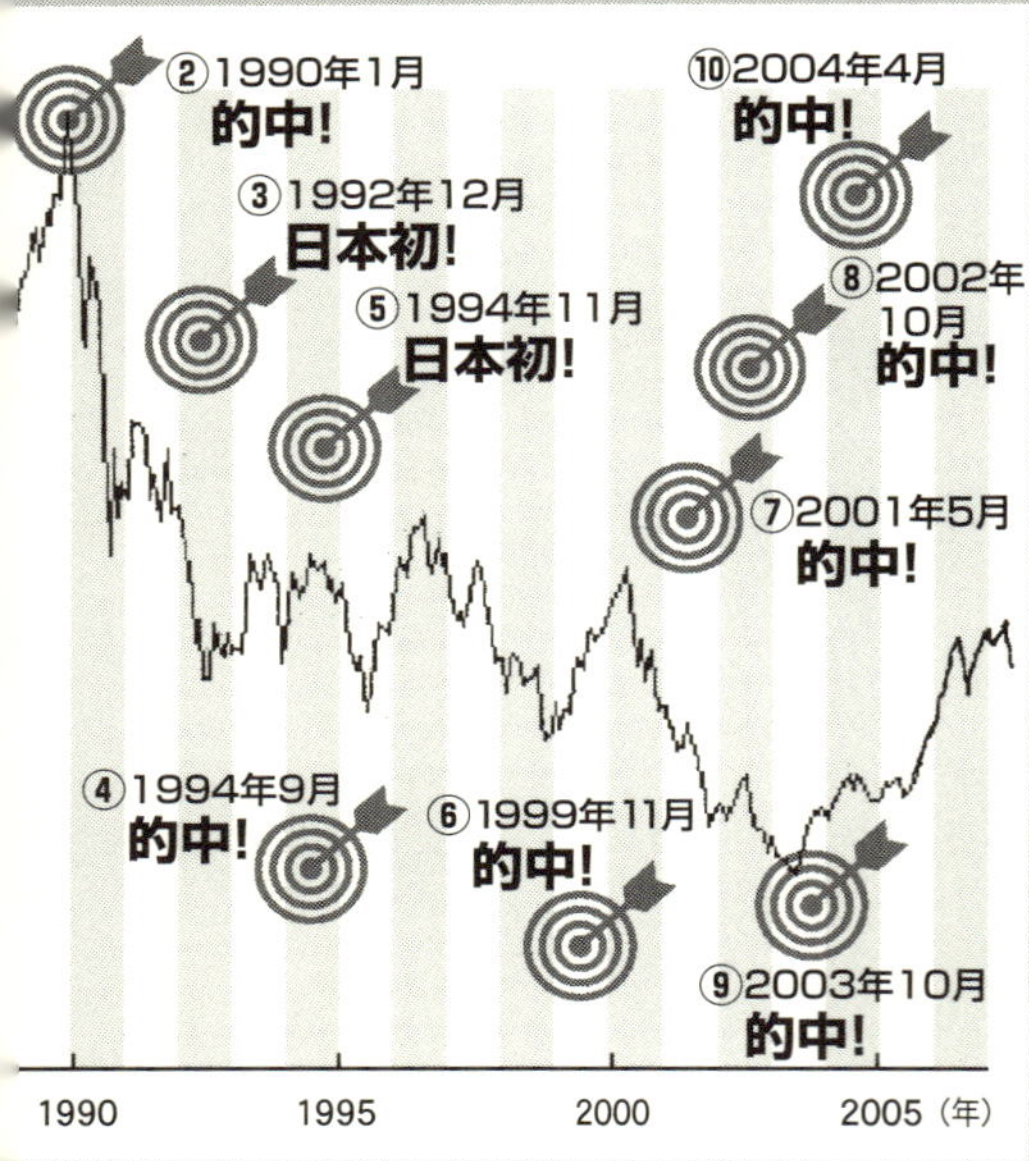

⑦2001年5月
『こんな会社は買うな!』発刊
「ここ2、3年のうちに日本経済そのものが、セリング・クライマックス、つまりジリジリと長い下げのあとのドカーンという急落という結末を迎え、その後、技術革新がもたらす経済成長がはじまる」
（※当時日経平均1万4000円台で推移）
→約2年後の2003年4月に日経平均は7607円に。

⑧2002年10月以降「週刊エコノミスト」誌
超強気の主張。日経平均2万円説。

⑨2003年10月『日本株「超」強気論』発刊
「14年続いた株安は終わった」「2003年4月につけた日経平均株価7607円が大底であり、底を入れた株式市場は今後5年ほど上昇が続くと考えています」
（※当時日経平均1万円〜1万1000円で推移）
→2007年8月現在、日経平均株は1万6000円台で推移。

⑩2004年4月『中国株で資産5倍』発刊
→その後中国株ブームが起き、資産は5倍になる。

※お願い：私、今井はこのヒット以上に散々三振もしています。どうぞ過大評価はしないでください。
本当に恥かしく思います。

私はこうして「先」を読んで

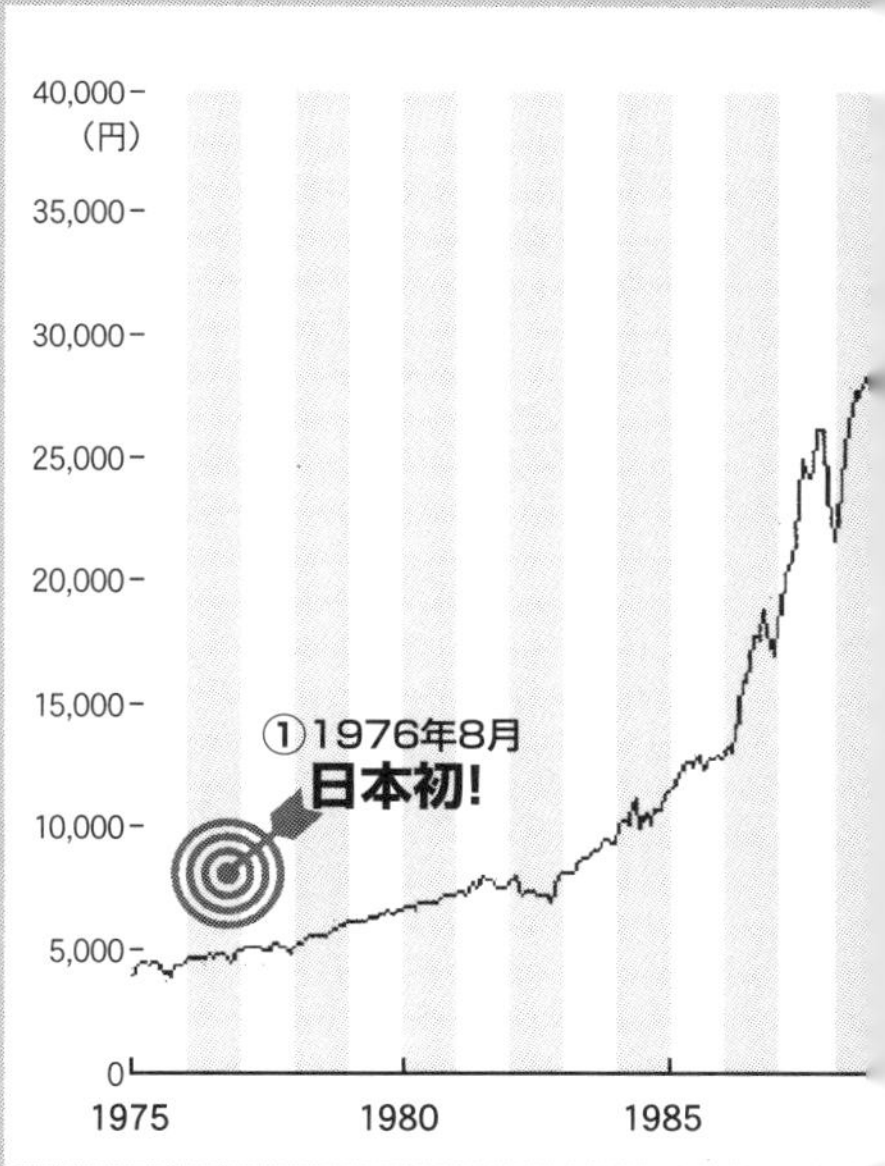

①1976年8月
『オプション取引のすべて』
（山一証券経済研究所）刊行
日本で初めてオプション取引というデリバティブについての本を出版する。

②1990年1月
日経平均が3万7000円前後の時に「日本株は売り!」と分析
し、米「ビジネスウィーク」誌に「東京のビッグベア（超弱気論者）」と書かれる。

③1992年12月
「週刊東洋経済」

日本で初めて「ヘッジファンド」に関する論文を発表する。

④1994年9月「週刊東洋経済」
「95年4月1ドル80円」と超円高を予測

⑤1994年11月『日本を襲うヘッジファンド』発刊
「ヘッジファンド」に関する本格的なビジネス書を日本で初めて発刊

⑥1999年11月『私ならこの株を買う!』
「日経平均の上値はせいぜい2万1000円あたりが上限だろう」
（※対談収録当時、日経平均は1万8000円前後で推移）
→半年後の00年4月に2万833円で天井を打つ。

第一章

なぜ先見力を磨く必要があるのか

時代の先が読めなければ生き残れない

一九九〇年以降のバブル崩壊、九五年の超円高、そして二〇〇三年以降の景気回復。それから、九〇年代中頃から始まって大きな社会現象ともなったヘッジファンドやデリバティブ取引の到来。さらに今世紀に入ってからのIT革命や中国株のブーム――。いずれも、ここ一〇数年の日本経済の大きなトピックスです。

12ページで紹介しているように、私はこうした動きをかなりの精度で事前に予測し、実際の投資にも活用して利益を出し、新聞、雑誌、テレビでコメントし、さらには著作にも書いてきました。

百発百中とまでは言いませんが、時代の大きな節目では、そう大きく間違わずに経済予測ができたと言ってよいのではないかと自分では考えています。

そこで本書では、私が「どのようにして経済予測を行なっているのか」「どう情報を入手し、活用しているのか」について、実体験を踏まえて具体的に説明してみたいと思います。そのほうが、読者の皆様にとっても、自分自身で時代の先を読んでいく技術を身につける上で参考になるでしょうし、本書の第二部で述べる私の最新の経済予測についても理解が深まると思うからです。

そもそも、なぜ時代の先を読む必要があるのでしょうか。

それは、一九九〇年代の初めくらいと現在とを比べて、世の中がどう変わったのかを思い起こすだけで十分でしょう。

例えば、私が在籍していた山一証券が潰れる前のことを考えてみましょう。当時、多くの人は一生自分の勤めている会社が存続するものだと思っていましたし、会社の中で偉くなろうと思えば、「ハイ、そうです。ハイ、そうです」と、上の言うことをひたすら聞いておけばよかったという時代でした。

いい大学に入って、いい会社に入り、その会社で一生勤める——というのが、ほとんど唯一といっていいビジネスモデルですから、会社そのものが命という価値観が主流でした。今では当たり前になっている転職も、当時は大変なことで、何か問題でも起こして転職する破目になったら、まず行くところはありません。ですから、転職する羽目にならないように、色々なものを捨てて「会社のために」頑張ってきたわけです。

今はどうでしょうか。

「失われた一〇年」と言われた不況で、「潰れない」はずだった会社が、次々と潰れるようになりました。山一証券もその一つです。そこで明らかになったのは、会社で我慢して偉くなっても、そんなにいいことはないということです。下手に出世して取締役にでもなってしまったら、巨大な責任を負わされてしまいます。何かトラブルでもあって株主代表訴訟なんかを起こされたら、自分の家族が破滅してしまうような、そんな恐ろしいことになりかねない時代になってしまったのです。

いい大学に入って、いい会社に入って、そこで一生勤めるというビジネスモデルの根幹が崩れたわけです。

以前は、いわゆるゼネラリストがもてはやされていて、いろんなポジションをぐるぐる回って偉くなって立身出世するのがエリートだと言われました。

ところが、ヘッドハンターの言葉などを聞いてみると、今では、自分というものを普段からきちんと磨いて、「私は〇〇という会社で、こういう成果を上げました」という成功履歴、成功体験を持つか、あるいは「〇〇という技術・技能を持っています」「〇〇ができます」といった、一生通用するような武器、手腕というものを身につけないといけない時代になったと言います。

　実際、いやな仕事なのに、「これもお勤めだから仕方ない」と、つらくても我慢して働き、「お説ごもっとも」で上司の言うことを聞き、溜まったストレスは夕方におでん屋や焼き鳥屋で一杯やって憂さ晴らしをしてから帰る——というスタイルを「くだらない」と思っている人は多いのではないでしょうか。私自身もそう思いますし、特に二〇代、三〇代の若い人にとっては「やってられない」と思っているはずです。


　要するに価値観が大きく変わったのです。価値観が変わっているのに、古いモデルを押し付けても仕方ありません。ゼネラリストの方も、その人なりに我慢して苦労して出世したのかもしれませんが、社内でこそ通用しますが、一歩外に出ると通用しない人が多いのです。

　従って、時代はどういうふうに流れているのか、その中ではどのような能力が必要とされているのかを知っておく必要があるのです。

　また、自分自身の能力、好み、適性、それから自分自身のウェイ・オブ・ライフと、どう折り合いをつけていくか。それを考えなければなりません。私自身は、自分の好き

出世のモデルが変わった

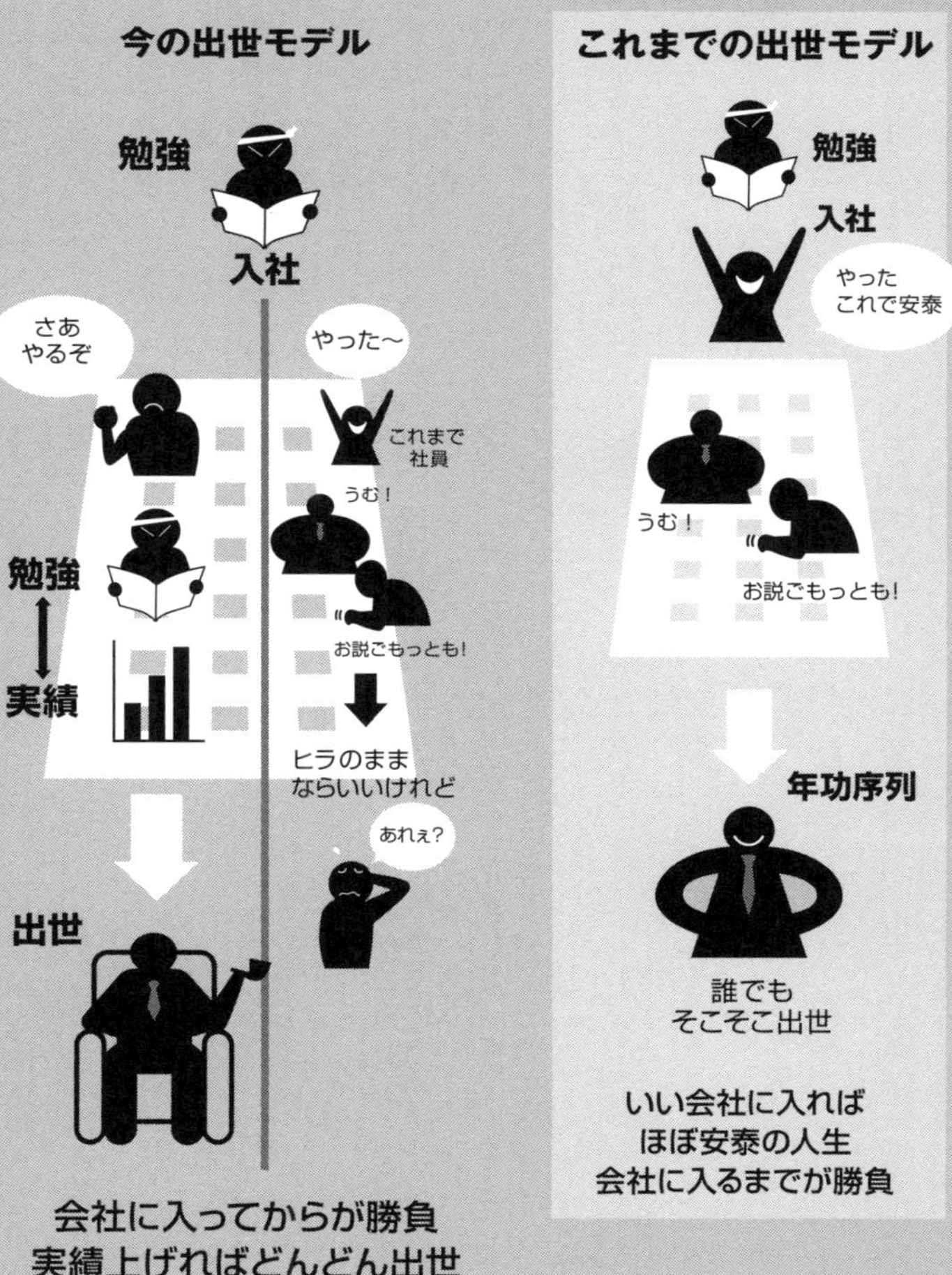

会社に入ってからが勝負
実績上げればどんどん出世
役に立たねばクビになるかも

なことをして、楽しみながら仕事ができれば一番いいと思って、この仕事をしています。その意味で、時代の先を読むための勉強は、別にアナリストだけのものではなく、働く人すべてにとってある程度、必要になってくるのではないかと思うのです。

好きで仕事をやれば、おのずと道は開ける

働きたくない理由はいくらでも出てきます。やれサラリーが安い、会社が二流、上司の顔が面白くない、同僚とうまくいかない、ノルマがきつすぎる――どんな人でも「何でもいやなことがあれば言ってごらん」と言えば、一〇や二〇は出てくるものです。

一方、仕事をする理由はだいたい二つしかありません。一つは仕方なくやる、収入のためにやる、自分が生きるために渋々やる、あるいは世間体のため、妻や子供、父親や母親のためにやるという理由です。もう一つは、自分が好きでやるという理由です。自分の好きでやるのだから、自分のもらっているサラリーよりもうんと価値の高い仕事をしても、好きな仕事ができているのだから、それでも構わない、十分だという理由です。

世の中はそう簡単に割り切れないかもしれませんが、単純に言えば、仕事をする理由はこの二つになります。どちらがストレスは少なくていいかと言えば、やはり後者、自分が好きで仕事をするほうでしょう。

「俺はこれだけの能力があるのに、この程度の仕事しかさせてもらえない」という不平不満を言っている人がいます。そういう人は、今の仕事を好きかどうか、好きになる努力をしているかどうか、を問い直してみる必要があります。たとえ出発点においては仕事が好きでなくても、努力をしているうちに仕事が面白くなってきて、不平不満の心境から卒業できれば、その卒業したこと自体が、その人の人生にとってプラスになるはずです。

こういう発想ができれば、道はおのずと開かれてくるのではないでしょうか。

私がアナリストを目指すことになった二つの出来事

私自身の体験を紹介しましょう。

私は元々山一証券のサラリーマンでしたが、転機になったのは一九六八年、私が三〇代半ばの頃です。山一証券は、一九六五年に日銀特融を受けて借金が残っていましたが、その返済の目処《めど》がぼちぼちとついてきた頃でした。そこで、そろそろ社員をアメリカのニューヨークにでも出して勉強をさせようという話になりました。当時はまだ一ドル三六〇円の時代で、外貨がものすごく制限されていましたから、持ち込めるドルは少しだけ、ビザの関係で滞在も六カ月が目一杯でしたが、とにかくできるだけ勉強をさせてみようということになったのです。

そこで私ともう一人、後に九四年から九七年に山一証券の社長になった三木淳夫君と二人選抜されたのです。私は証券会社のベーチェとフィディリティに、三木君はリーマン・ブラザーズに、それぞれトレイニー（訓練生）として派遣されました。

向こうの仕事場に座らせてもらって、軍曹さんのような教育担当をつけてもらい、「お前これをやれ」「〇〇まで連れて行ってやろう」という形で社員教育を受けるわけです。

私は山一証券では調査部に在籍していて自動車の担当でした。当時はまだ自由化してなくて、日本はアメリカからの輸入車をできるだけ抑えようとしていた時代です。従って、アメリカの工場を見た人がほとんどいないのです。そこで、私は何とかしてデトロイトに行って自動車工場を見たいと思っていました。

向こうでも日本の四季報に当たるような本が出ているので、それを見てGMとフォード、クライスラーに手紙を書きました。

「私は山一証券という東京では大きな証券会社の社員で、今はニューヨークにトレイニーで来ている。ついてはデトロイトに行って、工場を拝見したり、経営方針についてお伺いしたい」というようなことを書いたわけです。

返事はすぐに来ました。

GMからは「うちには迎賓館というのがあってそこに泊まれるから、ホテルは予約する必要はない」と。フォードからは「生産部門の担当が工場を案内する」と。クライスラーからは、「あなたは何日の何時の便で来るのか。教えてくれれば、広報担当の副社長が迎えにいく」という返事が来たのです。

こうして念願のアメリカ工場の見学が実現しました。しかし、品質管理に随分問題があると感じました。

また、こんなこともありました。一九六八年ですから、日本ではカラーテレビがようやく出始めた頃です。私はニューヨークのメイシーズという当時世界最大と言われたデパートの家電売り場に行きました。するとＧＭやＲＣＡ、モトローラという世界に名だたるアメリカの電機メーカーのカラーテレビが置いてありました。

しかし、よく見ると、一台を除いて、みな地面にドンと置いてあるのです。その例外の一台は、ソニーのカラーテレビで、チェーンがつけられてガラスケースに入れられていました。

「なぜソニーだけがガラスケースの中に入っているのだろう」と不思議に思ったので、売り場の販売員に聞いてみました。

すると「ショップリフターズ」と言います。当時はまだ英語がそれほどできなかったので、どういう意味か分からずに辞書で調べてみると、なんと「万引き」という意味です。「なぜ万引きなのか？」と重ねて聞いてみますと、「アメリカ製は見てくれはいいけども、すぐに壊れてしまう。ソニーは少し高いが、品質がよくて絶対に壊れない。盗まれるとしたらソニーの製品だけだ。だからチェーンをつけてガラスケースの中に入れるのだ」と言ったのです。

当時、日本製品は「安かろう悪かろう」が常識でしたから、私はそれを聞いて驚いてしまいました。今思えば、この時のソニーのテレビが先駆となって、日本の家電がどんどん輸出されることになるわけですが、当時は松下ですら対米輸出をしていない時代ですから、非常に驚いたわけです。

その時に、私は一つの予測を立てたわけです。日本製品はエレクトロニクスやサブコンパクトカーなら、アメリカ市場で勝てるのではないかという予測です。「品質の良さ」が評価されるような時代に変わってきて、日本製品が世界を制覇するのではないかと思ったのです。

これは当時、非常に珍しい考え方でしたが、実際その後は私の予測通りになりました。

この時のアメリカの経験が元になって、私はアナリストという仕事に非常にやりがいを感じ、「自分に合っている」と思いました。そこで「この仕事で一生食べていこう」と決意したのです。

当時はまだ山一証券に研究所がない時代で、アナリストという言葉も誰も知りません。アメリカでもようやくその頃に証券アナリストの制度ができたばかりですから、当然、日本にもアナリストは一人もいない時代です。

しかし私は、「おそらく日本でもじきにアナリストという商売ができるに違いない」と思って、一生の仕事にしようと考えたわけです。南バージニア大学の修士課程を取ればアナリストの資格が取得できたので、留学させてほしいと経営トップにお願いしたのですが、山一証券はまだ日本銀行からお金を借りている状態で、とてもお金は出せないということで断念しました。ちなみに、その後、三國陽夫さんが日本で第一号のアナリストになりました。

在籍していた会社が二つとも潰れたのに独立できた理由

実際、私はアナリストに向いていたのでしょう。仕事が面白くて仕方ないので勉強しても苦になりませんし、次々と新しい仕事にチャレンジすることができました。

山一証券では丸三〇年間在籍したのですが、一九八九年四月にスカウトされて日本債券信用銀行に移りました。当時、証券会社から銀行へ転職することは非常に珍しいことで、日経金融新聞の一面に顔写真入りで報道されたほどです。銀行から証券への転籍はよくありましたが、証券からステイタスにおいて格上の銀行に転籍し、大きな個室と専用の秘書をいただいて、新幹線はグリーン車へというのは、本当に珍しかったんですね。

なぜ、そんなことになったかと言いますと、山一証券では投資顧問の仕事をしていて、投資顧問業法という法律ができる前で、法律づくりに携わったり、投資顧問協会をつくったりしていました。当時、投資顧問というと、日本人が日本の銘柄を運用するというスタイルばっかりでした。それで私は「そうではなくてグローバル運用しなくてはならない」と思い、山一マレー・ジョンストンという会社をつくったのです。マレー・ジョンストンというのは、スコットランドの最大業者です。やはり運用と言えば、英連邦の人がうまいので、ここと組むことにしたのです。

この会社は山一が五一％、マレー・ジョンストンが四九％出資という形でしたが、これが証券業界の大きな話題になりまして、いわば大ヒットしたのです。

そんな実績があったので、日債銀から「同じような合弁会社を我々のところでやってほしい」という依頼があり、また資産運用のプロとして行員の教育をしてほしいということで、顧問として日債銀入りをしたわけです。

日債銀では、ロンドンの大手業者でガートモアというイギリス第五位の投資顧問会社があったのですが、この会社がまだ日本企業とパートナーを作っていませんでしたので、両社をつないで日債銀ガートモアという会社をつくりました。

私はその会社の会長に就任し、日債銀の顧問も兼ね、さらに日債銀投資顧問という運用会社の専務も務めました。

今、投資顧問会社と言っても当たり前になっていますが、いわば私はその草分けだったわけです。こうしてみると、華やかな歴史でもあるのですが、八九年当時は山一証券も四大証券の一角に入っていましたし、日債銀も業界三位の長期信用銀行で、そんなに悪い会社ではありませんでした。

ところが九七年くらいから株や土地が下がって経営が苦しくなってきました。日債銀はノンバンクを子会社にしていて、この子会社を九七年の四月に潰したのですが、いきなりファックスをお客様や取引先に送りつけて、「今日潰しました」とやったり、入社式をやっておいてその子会社を解散したりということをやりました。「いくらなんでもこれはひどい」と思い、私は断固抗議して辞表を出したのです。

当時、すでに私は、アメリカのビジネスウィーク誌やＮＨＫのニュースに出ていて、相当有名になっていました。それで「あなたは著名人だから、辞めたと分かるとマスコミが追いかけてくるから、半年待ってくれ。半年経てばマスコミも静かになるだろう」と言われて、九月に辞めました。

多くの人は、私は外資系の企業に転職すると思ったようです。合弁会社を二つつくっていますし、ニューヨークなどにもヘッジファンドの知り合いがたくさんいますから。

ところが私は独立する道を選びました。外資系なら銀行の何倍ものサラリーをもらえたかもしれませんが、宮仕えよりも好きな道を進もうと思ったわけです。

ちょうど九七年から九八年は金融機関が次々と経営破綻しまして、田原総一朗のサンデープロジェクトや関口宏のサンデーモーニング、筑紫哲也のニュース23に出てコメントを求められるようになりました。それが縁で講演会の注文も入るようになり、独立したアナリストとしてご飯が食べられるようになりました。

私は、山一、日債銀という、いわば「お騒がせ会社」に二つも在籍し、「世にも稀なる経歴」などと言われます。本来なら不利な経歴ですが、七二歳になる今も現役のアナリストとして仕事を続けられています。今でも毎日新聞社の週刊エコノミストに「マネー・ドット・カム・カム」という連載を持っていて、もう四〇〇回近くになります。ほかにも月刊誌の連載が数本、講演会も年に一〇〇回くらいこなしていますし、テレビ神奈川、テレビ埼玉、テレビ千葉で「美女とヤジ馬」というテレビ番組も持っています。もう三〇〇回近くになりました。結構忙しいわけです。

それはまさに「好きな道を進めば、おのずと道が開ける」という感覚でした。好きだからこそ仕事にも打ち込んでも苦になりませんし、業界の先駆けになるような仕事にもチャレンジできました。会社の論理にとらわれず、外に通用する実績を出せたわけです。その結果、勤めていた会社が二つとも潰れてしまったのに、独立してやっていくことができました。

ですから、会社の中だけの世界で生きていると、時代の流れが見えなくなりますよ、自分の好きな道で勉強して社外でも通用する成功履歴をつくらないと、結局、時代の流れに取り残されますよ——ということが、実感として分かるのです。

従って、普段から日本経済や国際経済の動きをよく勉強して、今後どうなっていくの

かを考えておく必要があるわけです

では、経済の動きはどのように予測すればよいのでしょうか。次章で実際の予測事例を使って紹介してみましょう。

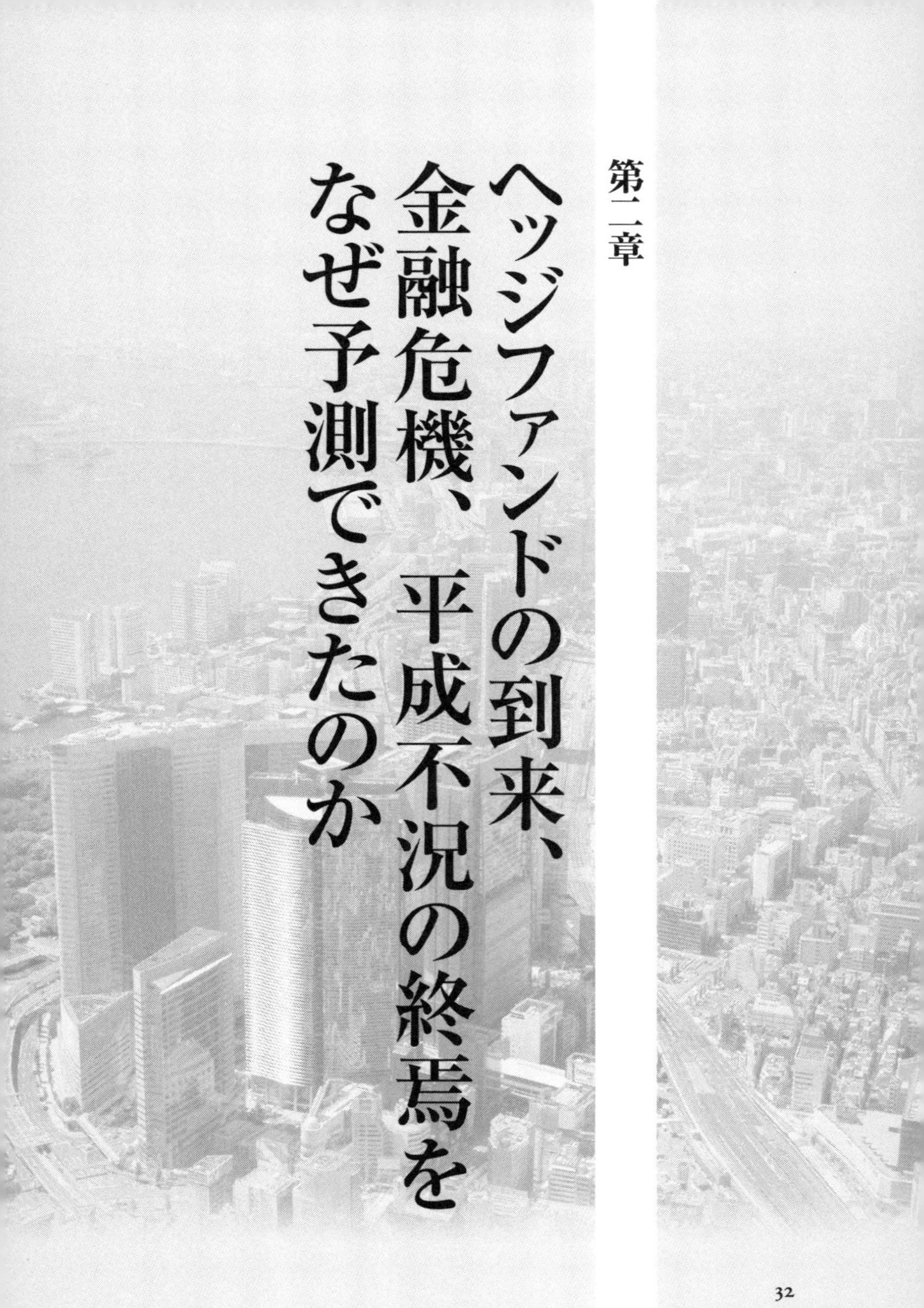

第二章

ヘッジファンドの到来、金融危機、平成不況の終焉をなぜ予測できたのか

実務の中から「先」を知る――ヘッジファンドの到来

予測にはいろいろなパターンがありますが、一つは実務を通して、先を知るパターンです。

八九年にバブルの崩壊を予測した時の話です。山一から日債銀に転籍して間もない頃でした。当時、すごい勢いで株価が上がっていたのですが、「せいぜい三万八〇〇〇円か九〇〇〇円、うまくいって四万円いくかいかないかで、株価の上昇は九〇年の三月までには終わるだろう」と読んだのです。実際、今はなくなってしまいましたが、あるチャート雑誌に「株高はそろそろ終わりだ」という趣旨の警告の文章を載せました(その後、様々な形で不況の深刻化や長期化の予測をしましたが、その方法については後述します)。

実は、このバブルの崩壊を予測できたことが、ヘッジファンドの到来をいち早く知るきっかけになりました。

というのも「株高が終わる」と予測した時、私は単に予測しただけでなく、小規模ではありますが、日本株の組み入れゼロという売り建てファンドをつくったのです。日本株は下がると見て、一つも買わずに先物で売ったわけです。

八九年の年末に三万九〇〇〇円近くまでいった株価は、その後あっという間に二万円すれすれまで下がりましたから、三月末の段階でファンドの運用成績がかなりのものになりました。それで三月期の部店長会議では、ちょっとした話題の主になりました。

その時にニューヨークから来ていた支店長が「今井さん。ヘッジファンドみたいなことをしましたね」と言ったのです。当時、私はまだ「ヘッジファンドって何？」という感じでした。ジョージ・ソロスの名前を聞いても、「アーノルド・ブライシュローダー（アメリカの証券会社）の調査部長をやっていたあの男か？　彼が独立して、ジム・ロジャーズと二人で始めたんだって？」という程度の認識でした。デリバティブと言われても、「それなあに？」というレベルでした。

しかし、たまたま自分がやった取引の手法がヘッジファンドと同じと言われて興味を持ち、九〇年に猛烈に勉強してみました。勉強しただけでなく、九一年にはソロスのファンドはもちろん、チューダー・ジョーンズ、タイガー・ファンドという有名なファンドに投資しました。ロンドンにある日債銀の子会社の投資銀行を通して出資したのです。

すると、こちらは出資主という立場になりますから、ファンドマネージャーに会えるようになります。すると実地の勉強も進みますから、九二年には週刊東洋経済誌上でヘッジファンドを紹介できるまでになりました。当時はまだ誰もヘッジファンドの存在を知らなかったと思います。九四年には『日本を襲うヘッジファンド』というヘッジファンドに関する本も書いたのですが、当時たまたま日本に来ていたソロスの弁護士に見せたら、「これはおそらく世界で初めてのヘッジファンドの本だよ。アメリカでも見たことない」と言われました。

それからヘッジファンドやデリバティブの本を五、六冊書きました。当時の大蔵省の検査官たちに一年に数回、ヘッジファンドのテクニックやデリバティブについての講義も行ないました。

ですから私の場合、ヘッジファンドの到来は、本を読んだり情報を集めたりして予測したというより、実務の中で問題意識を持って研究しているうちに、自然とヘッジファンド研究の先駆けになっていたわけです。

海外の常識から変化を読む——金融危機

外部の視点から見て、変化を予測するパターンもあります。海外の常識から見て、日本のこの非常識な慣行はいずれ崩れる——と読むやり方です。例えば、昔、「営業特金」というものがありました。私が山一証券を去って何年かしてから、証券会社のスキャンダルが起きたのですが、その中に「にぎり」というのがあって、大がい事業法人の担当常務が名刺などに「年間一五％保証します」などと書いて自分の判子を押して渡していたんですね。お客様からお金を預かって利回りを保証して営業していたのです。

それを営業特金と言ったのですが、八九年の一二月、大蔵省の高橋洋一さんという方が課長補佐の時に、通達を出して廃止しました。きちんと投資顧問業者との契約として特金を移しなさいということです。ところが、それをまともにやると損が出てしまいます。それもかなりの金額になりますので、多くの証券会社は自分で受けないで、顧客に負担させるようなことをして処理したわけです。ところが山一だけは自分でかぶってしまったのです。しかも、まともに表に出すと途方もない金額になりますから（業界全体で何兆円という規模）、いろんな子会社に転々とさせたわけです。いわゆる「飛ばし」です。あるいは「損失補填」ということをしていました。

私は海外にしょっちゅう出張に出ていましたから、外国の金融業者から盛んに次のようなことを言われるようになりました。

「お前が元いた会社の山一証券は、こんなことをしているが大丈夫か。危なくはないか」

日本の業界では「にぎり」や「飛ばし」、「補填」は当たり前のように行なわれていましたが、さすがに外から見たらおかしいのです。私も山一にいた人間なので、事情をまったく知らないわけではないのですが、海外の人の反応を見て、「証券会社もこれから大変なことになるな」ということを、改めて感じたわけです。

実際、様子を見ていますと、必死に隠してはいましたが、「どうも一〇〇〇億円とか二〇〇〇億円といった規模ではないらしい。バランスシートで見ると自己資本を食い込んでいて実質的な破綻状態になりつつある」ことが分かったわけです。

九四、五年になる頃には、すでにかなり厳しい状態になっていました。そのうち東洋経済などの有力経済誌が、この問題を追及し始めます。関係者は口をつぐんでいましたが、それでも少しずついろんな証言や証拠が出てきます。

私も内情を知っていましたが、立場上私自身が言って回るわけにはいかず、「海外では、すでにこんなふうに言われているから、取材してみたら」という程度の情報を出すにとどめました。

山一証券の破綻は、結局九七年の一一月になりましたが、その一～二年前には、「これは容易じゃない。もう時間の問題だ」ということが分かっていたのです。


日債銀も正直申し上げて、本来の銀行の貸し方を逸脱した、非常識な仕事のやり方をしていました。

仮に一億円の土地を持っていたとしましょう。そしてこの一億円の土地を担保に銀行にお金を貸してくれと言うとします。

伝統的な貸し方で言いますと、一億円というのは時価ですから、これを七掛けして七〇〇〇万円で評価します。さらにこの七〇〇〇万円の七掛けの四九〇〇万円をお貸しするのです。極めて堅実なやり方で、ちなみに三菱銀行はバブルの間もこのやり方をわりと守っていたので、その後もバブル崩壊の時にもさほど打撃を被《こうむ》らずにすみました。

ところが、日債銀などは違っていました。当時、日債銀は子会社のノンバンクに金を貸していたのですが、ノンバンクは年率一〇％で業績が伸びていましたから、「一億円の土地があるなら、一億二〇〇〇万円貸しましょう」という無茶苦茶な貸し方をしていたのです。普通は一億円の土地に対して四九〇〇万円しか貸さないのに、一億二〇〇〇万円も貸していたのです。

これがバブル崩壊で土地の価格が下がったから大変なことになりました。実際には、最終的に六分の一になってしまったのですが、ここでは仮に半分になったとして話を進めましょう。

従来どおり四九〇〇万円の貸し出しなら、土地が半分になったとしても五〇〇〇万円ですから、まあほとんど追加の担保を取る必要はありません。しかし、一億二〇〇〇万円貸したものが五〇〇〇万円に下がったら七〇〇〇万円もの含み損です。では追加で七〇〇〇万円分の担保を取りに行けるかというと、まず無理です。

九四、五年くらいになると、土地がどこかに転売されたり、やくざまがいの人が出てきたりといった話も聞こえるようになりました。するともう時間の問題ということになります。

私は随分前から金融機関のこうした非常識なやり方がいつまでも続くはずはないと考え、九〇年頃から日経平均株価は二万円を割ると予測していました。当時、二万円割れというのは大変なことで、サダム・フセインがクウェートに侵攻して大騒ぎになった湾岸ショックの時も、ゴルバチョフが囚われの身になったレッドマンデーの時も割らなかった数字です。有事でも割らなかった二万円を今度は割るかもしれないと考えたのです。当時としては大胆な予測です。

つまり、日本経済は容易でない段階に突入すると読んだわけです。まさか「銀行が潰れる」とは言えませんから、方々で講演して「二万円割れ」に対する注意を呼びかけました。

その時、たまたま兜町の記者クラブのチーフをしていたＮＨＫの方が私の講演を聞いていたので、実際に私の予測どおり二万円割れをした時に、「ニュースセンター9時」に出演を依頼されました。九三年の宮沢首相の時代です。

その後、一万九〇〇〇円を割った時、一万八〇〇〇円を割った時と、大台を割るたびに出演して、株安の背景を解説しました。当時、月一回のペースで出ていました。

しかし、いろんな情報をつかんでいたにも関わらず、まさか自分のいた証券会社がもうダメだなんてことは言えません。言ったら、それを機に金融パニックが起きかねませんから、公共放送では非常に歯がゆい言い方しかできないのです。当時は「ニュースセンター9時」でも日経平均の株価もトピックスの株価も為替のニュースも報道していませんでした。それで「これはおかしい。株価も為替も報道すべきだ」と言って、その後やるようになりました。「証券や銀行がアウトになる」とは言えなかったのですが、「株式市場を重視せよ」という言い方で繰り返し警鐘を鳴らしたわけです。

その結果、株式市場に対する国民の関心は高まりました。宮沢首相も九三年七月にG7に出て行く時に、当時一番強気と言われた経済企画庁の部長と、金融危機の問題に詳しい野村総研のエコノミストの二人を呼んで、ディスカッションさせました。そのディスカッションのテープ起こしを宮沢首相が飛行機の中で読んだのですが、宮沢総理は金融問題に危機感を持って帰国後すぐに様々な改革に着手しました。その時にはすでに株価は一万四〇〇〇円台まで下がっていました。

しかし、せっかく早い段階で金融危機に気づいて手を打ったにも関わらず、結果的に不完全な改革に終わってしまいました。と言いますのも、銀行は「まだ俺たちは大丈夫だ。

援助なんかいらない」という姿勢でしたし、今思えばバラマキ型の対応でしたから、少しも問題は解決しなかったのです。結局、九七年に山一證券や北海道拓殖銀行など次々と金融機関が経営破綻し、株価も二〇〇三年までずるずると下がり続けてしまいました。やはり常識から考えておかしいと感じることは、いつまでも続かないのです。今になってみれば当たり前のことですが、当時は誰も「おかしい」と感じていなかったため、まさかこんな深刻な不況になるとは予測できなかったのです。

なお、二〇〇二年に竹中ショックというのが起きて、公的資金を遠慮なく導入し、潰すところは潰すという形で、金融担当大臣として思い切った手を打ちました。そのショックで景気も一回下げたのですが、私はこの辺で止まると予測していました。

一九二九年のアメリカの大恐慌の時もそうでしたが、株価の下落というのは、世界の恐慌の歴史から見て、だいたい高値の七割から八割くらいの下げで終わるものです。それで「二〇〇二年の一〇月くらいに八三〇〇円」という予測を立てました。竹中さんが登場した時のことで、週刊エコノミストにもそう書きました。

残念ながらこの予測は少々外れて、実際に底を打ったのは二〇〇三年四月で、株価は七六〇九円でした。時期で半年、金額で七〇〇〇円ほどずれたわけですが、多くの人が悲観論一色になる中で、かなり早い段階で株価の回復を予測できたことになります。

数字や情報で読む——景気回復と中国特需

もちろん、景気回復の予測は、高値から何割下がるという単純な発想だけで立てるものではありません。きちんと裏づけのある数字やデータを分析して、先行きを予測するものです。

二〇〇二年の秋頃のことですが、株価が下がり続けて企業の年金の運用の見通しがあまりに悪いので、厚生省に頼まれて運用していた年金を解散して国に返してしまう「代行返上」ということが続々と起きていました。国に現金で返すためには、株などを売る必要がありますから、大量の「売り」が発生することになります。それが当時、非常にシリアスな問題になっていたわけですが、私が「景気がよくなる」と確信したのは、実はその近辺のことです。

確信を得た理由の第一は中国経済の動向です。

二〇〇〇年くらいまでの中国に対する印象は、安い賃金でデフレ圧力をかけてきたり、偽物をつくったりするひどい国だというものでした。ところがアメリカにいる中国人の華僑の行動が二〇〇〇年前後から変わり始めたのです。それまでは中国の本国に住んでいる親族がアメリカにいる自分の家族にお金を送っていました。貿易収支が黒字でも、稼いだお金がアメリカに流出していたわけです。「将来、アメリカに亡命する時に、そのお金を使わせてくれ」という理由で、送金していたのです。

しかし、二〇〇一年頃になると、この流れが逆転し始めました。アメリカに住んでいる中国人が、逆に中国に投資し始めたのです。どうしてこんなことになったのか調べてみました。

当時、日本でいう総理大臣に当たる朱鎔基《しゅようき》という人が憲法を改正しました。毛沢東以来、それまで土地は全部国有だったのですが、憲法を改正して省や市という地方自治体の持ち物にしたわけです。それから経済特区を全国につくって、税金を安くするなどの優遇措置を始めて外資を呼んで工場を猛烈な勢いでつくりました。

中国では省長や市長は地元の人がなるのですが、それぞれのナンバーツーは北京の中央官庁から派遣されてきます。朱鎔基という人は非常に人を使うのがうまくて、その地

経済予測の基本パターン

1　実務の中から「先」を知る

問題意識を持つと
「先」が見えてくる
なるほど
アメリカでは
そうなのか
この流れは
日本にも
やってくるぞ

2　海外の常識から変化を読む

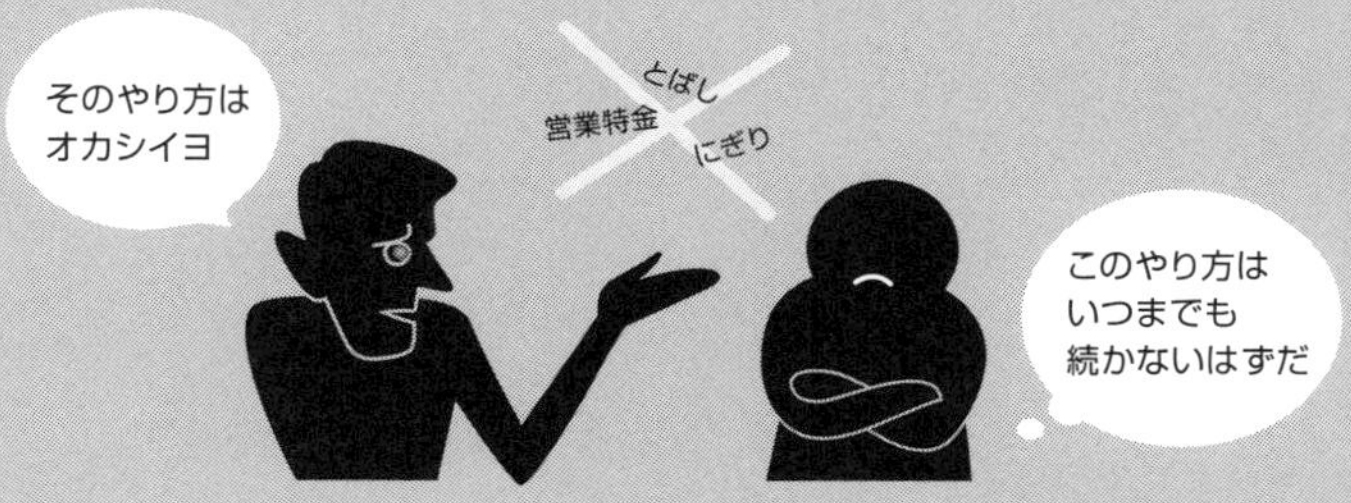
そのやり方は
オカシイヨ
とばし
営業特金
にぎり
このやり方は
いつまでも
続かないはずだ

3　数字や情報で読む

中国経済
鉄相場
これはそろそろ
景気は回復するぞ
う〜ん

方のＧＤＰが上がれば点数をよくして、本省に帰った時にナンバーツーの人が昇進できるようにしたわけです（このやり方だと官僚は本気になります）。

さらに外資と五〇％ずつ出資して工場をつくる際に、おそらく口頭での指示だと思いますが、「現物出資でいい」ということにして、工場の長期のリース権を使って、どんどん海外の資本を呼び込めるようにしました。

その結果、中国向けの投資が活発になってきたわけです。実際、数字やデータで見るだけでなく、中国に進出、あるいは進出しようとしている会社に言ってヒヤリングもしてみました。各社に昔から知っている人がいるので、中国の担当者を紹介してもらって「中国ってどうですか？」「今度はうまくいくと思いますか？」「まだ社会的に問題があるし、まだ怪しいのではないですか？」などと聞いて回ったのです。

すると「どうも中国の近代化は本物らしい」ということが分かってきました。日本の輸出企業でも、中国に本格的に進出する動きを見せていました。例えばホンダはそれまで進出していた欧州メーカーが中国では古いモデルしか売っていなかったのが、最新モデルをつくる工場をつくって本気でやろうとしていました。日本としては、これまで以上に腰を入れたやり方で中国に出ようとしていたのです。

そこで私は「これは中国特需が起きるな」と思いました。ちなみに「中国特需」という言葉は私が考え出した言葉で、その後かなりポピュラーになって、ＮＨＫのニュースなどでも使われるようになりました。

日本経済が復活することを確信した第二の理由は、鉄が売れるようになったことです。中国特需で鉄鋼需要が倍増したわけです。近代化にはどうしても鉄が必要です。ただ、中国では品質のあまりよくない安物しかつくれません。

日本の鉄鋼業界は九〇年代後半にものすごく苦しくなって、合併したり、株価が五〇円を割る企業が出たりと、「鉄冷え」と言われる深刻な不況に陥っていました。

なぜ鉄冷えが起きたのかと言いますと、ソ連が解体したからです。それまでソ連は、鉄鉱石などの原料の問題で、ロシアとウクライナに鉄鋼の高炉をつくって生産を集中させていました。ところがソ連解体後、外貨が足りなくなって、少しでもお金を稼ごうと鉄の安売りをしたのです。品質が悪いから高くは売れないため、大ダンピングをしたのです。それで世界中の鉄鋼メーカーが「参った」をしてしまったのです。

当時のエリツィン大統領に、ＯＥＣＤ（経済協力開発機構）各国が文句を言ったのですが、全然言うことを聞きません。ところが、少し後になってアメリカの石油資本がロシアとウクライナを調査してみたら、大量の原油と天然ガスが、ちょっと掘れば出てくるような浅いところにあることを発見しました。それで二〇〇〇年から二〇〇一年頃から輸出ができるようになり、ようやく外貨を稼げるようになりました。そんな事情もあってプーチン大統領は、「もう鉄の投げ売りはしません」とOECDに誓約状を入れて、鉄のダンピングはやみました。

ところが、九七年から九九年までの間に、ヨーロッパやアメリカのメーカーは、みんな見通しが悪いからという理由で高炉を相当に閉めてしまったのです。

気が付けば中国向けに鉄の輸出をする力を持っているのは日本だけという状況になっていました。いわば「バカヅキ」なのですが、ちょうど中国特需が出てきたタイミングで鉄鋼業が復活してきたので、「日本はよくなる」と確信したわけです。当時の世界の鉄鋼生産は、年八億トンでしたが、現在一四億トン、日本の鉄鋼はそんなに伸びていませんが、史上最高の生産量、もちろん収益も最高です。

ほかにも景気回復を確信したデータや情報はたくさんあるのですが、それは今後の日本経済の見通しを論じる上でも重要なものになりますので、第二部で詳しく述べたいと思います。

いずれにしても、様々な経済指標の数字の変化や取材で得た情報を元に、景気の回復を予測したわけです。

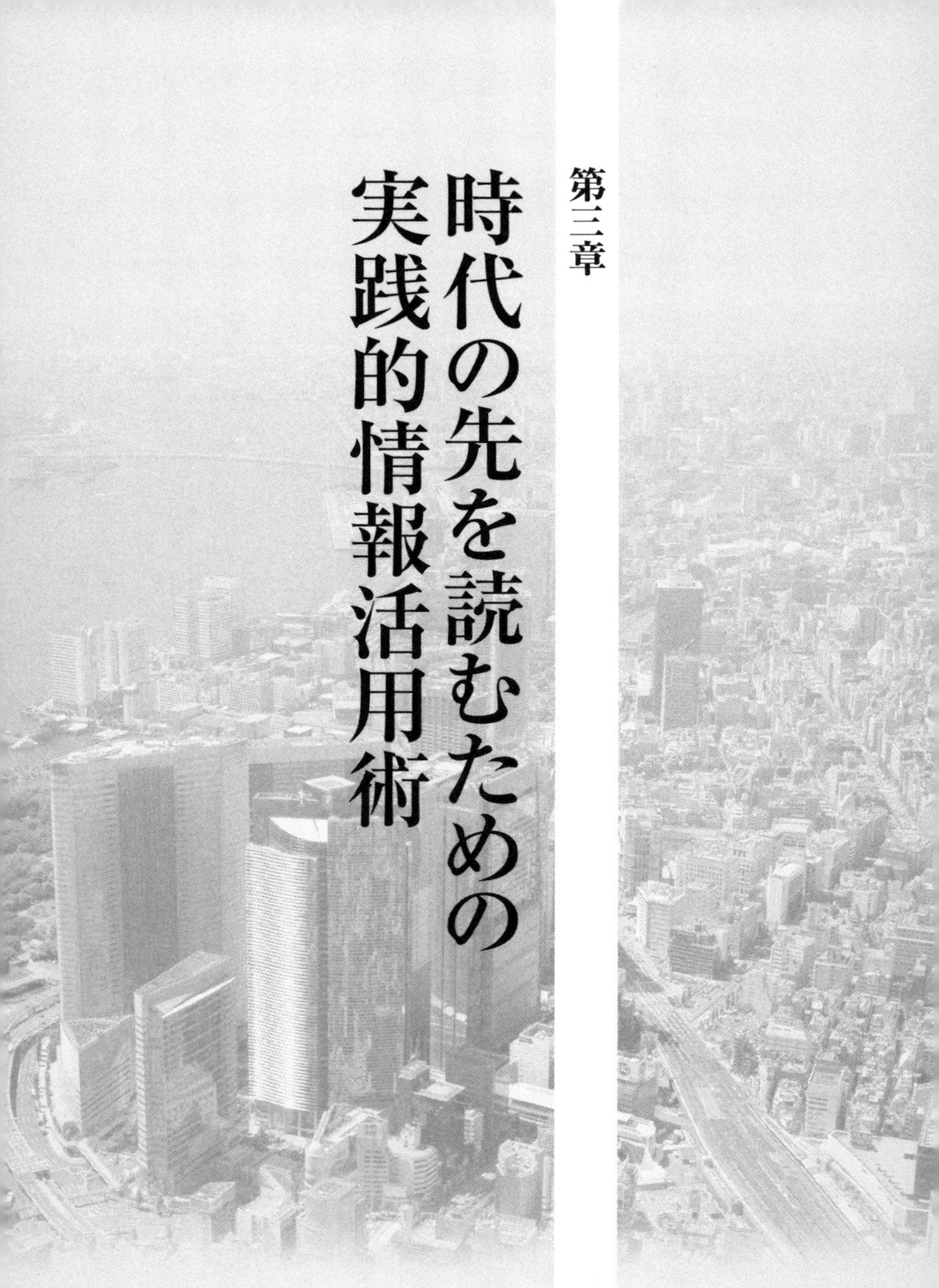

第三章

時代の先を読むための実践的情報活用術

語学力を磨け

第二章では、経済予測の手法を実例で紹介しましたが、その際に、どの情報を重視するか、どう情報を入手するか、得た情報をどう解釈するか、といった情報活用の技術が必要となります。

そこで第三章では、普段私が行なっている情報活用法や情報センスの磨き方について、少し体系的に整理してみましょう。

アナリストの仕事は、三つの部分で成り立ちます。

まず自分で見て歩いたり、人に会ったり、資料を読んだりという「情報を取る」という技術。

次に、その情報を元に「頭の中で考えて判断する」という技術。

それから、考えて出た結論を「人に説得できるように話す（書く）」という技術の三つです。

私は三つとも、何とかできるだろうという自信があったので、アナリストとして独立したわけですが、むろん持って生まれた能力だけでやれるわけではなく、磨いていく必要があります。特に第一と第三は修練で高度なものにすることが可能です。

では、どう磨けばよいのでしょうか。

それには「語学」が一番です。

実は私が初めてアメリカに行った時は、ろくに英語を話せませんでしたが、どうせなら英語で喧嘩できるようになるまで英語をうまくなってやろうと決意しました。

そのために英語を使う、つまり外国人と会うのが便利です。私のいた証券会社の場合、調査部です。外国からファンドマネージャーがやってきて、「何か推奨銘柄はないか」とか「最近のマーケットはどうなっているか」ということを聞いてくるので、常に外国人に対してプレゼンテーションしなければなりません。つまり英語を使う機会がふんだんにあるわけです。

プレゼンをするために、まず話したい内容を日本語で書いておいて、それを英語のできる人に訳してもらいます。さらに、それを英語の上手な人にチェックしてもらい、当時住んでいた浦和駅から東京駅の通勤の途中、電車のつなぎの部分に乗って声を出して暗記しました。それをプレゼンの時に読み上げるわけです。分量にしてA4の紙で六～七枚分になります。

アナリストのスキルの鍛え方

1　情報を取る

2　頭で考えて判断

3　人に説得できるように話す

**語学力を磨いて英語などで
プレゼンすることで鍛えられる**

内容は、「日本の経済はこうです、株式市場はこうです、有望な産業はこれです、銘柄はこれです」といったもので、自己紹介も入れます。さらに、プレゼンの間に「私の英語はあまりうまくないことは、聞いてお分かりでしょうから、途中でパッと質問しないでください。話し終わってから、改めて質問してください」と言っておきます。この文句も事前に用意しておきます。

相手から来る質問は、最初は通訳を介して答えていきます。しかし、何人かにプレゼンしているうちに、同じ質問が出るようになります。その場合は、通訳に「やらなくていいよ」と言って、自分で相手の目を見ながら英語で答えていきます。

これを繰り返していくうちに、段々英語を覚えていきます。自力で英語の受け答えができるようになりました。

よく英語を覚えるために英会話学校に行きますが、英会話学校は円グラフで言うと三六〇度全部やろうとするところがあります。また、初めの段階で「ここに本があります」とか「あなたに奥さんはいますか」といった知的に何の刺激もないような会話をやるので、つまらなくなります。その結果、長続きしないことになってしまいます。

そうではなく、円グラフでいう細い部分だけを勉強すればよいのです。私の場合、証券の話と経済の話だけができればよいと考えていました。あとは政治の話が少々できればよいだけなので、その他の分野の英語は勉強しても時間の無駄です。あとは英会話で必要なちょっとした言い回しを覚えれば十分です。

そうして使う用途をはっきりさせて、絞り込んで勉強するうちに、英語がうまくなってしまいました。

それから速読の技術も習得しました。アメリカで正式にレッスンを受けて、一番読みたいポイントを素早く読む技術を身につけました。その結果、アメリカで出ている膨大な情報を相当入手できるようになりました。

結局、英語を覚える過程で、大量の情報を読み、意味をつかみ、プレゼンで話すという、アナリストに必要な三つの技術が自然に習得できたわけです。

文字情報はなるべく多く取れ

次に情報の取り方について、詳しく説明しましょう。

文字情報は、原則、漏れがないように大量に取ります。新聞は日本経済新聞、日経金融新聞、朝日新聞を取っています。読売と産経と毎日はネットでチェックします。特に社説はすべて目を通します。変わったところでは静岡新聞を購読しています。元々お世話になったエコノミストの故吉野俊彦博士が執筆しておられたので読み始めたのですが、コラムのライターの質がものすごくいいのです。ノーベル経済学賞のサミュエルソン博士や政治評論家の屋山太郎さん、竹内宏さんなどが書いていて、もう一〇年くらい読んでいます。静岡から取るので配達は遅いのですが、目的がコラムなので少々遅れても問題はありません。

雑誌は日経ビジネス、東洋経済、ダイヤモンド、エコノミスト、ファクタ、ニューリーダーを購読します。時事通信の出している情報誌も購読しています。ニューズウィークも読みますが、これは好きな映画の特集をたまにやるので読んでいるだけで、仕事とはあまり関係ありません。

外国のメディアでは、新聞はニューヨークタイムズ、ウォールストリートジャーナル、フィナンシャルタイムズなどに目を通します。雑誌では英エコノミストとビジネスウィークは欠かせません。基本的にネットで見ます。

英語だけではありません。以前ならアメリカの情報だけ取っていればよかったのですが、今ではそれだけでは通用しません。中国やロシア、中近東の情報も大事になっています。

私の場合、一〇数種類の中近東のアラブの新聞の要約や、ロシアの四種類の新聞を要約するサービスがあるので、それを利用して情報を取ります。

さらに韓国の新聞も、朝鮮日報や中央日報をチェックします。

全体をぱらぱらと見て、日本をどう報じているかを確認します。ネットで取れる情報は、気になるものがあればプリントアウトしてファイリングしておきます。

ビジネス書を読むことも大切で、月に四〇冊ほど読んでいました。今は年齢もあってそこまで読めませんが、それでも二〇冊くらいは読んでいます。英語の本も月に一～二冊読みます。

シンクタンクのレポートも大切な情報源です。三菱総合研究所、第一生命経済研究所、みずほ総合研究所の三つはよく見ます。丸紅経済研究所や三菱ＵＦＪ証券も中々いい資料を出しています。個人的に存じ上げて意見を重視しているのは、第一生命の熊野英生、丸紅の柴田明夫、今村卓《たかし》、三菱の藤戸則弘、三菱ＵＦＪ ＮＹ《ニューヨーク》の鈴木敏之（役職、敬称略）。それにこの本にご意見を紹介させていただいた嶋中雄二、塚崎公義、武者陵司の皆さんです。双日総研の吉崎達彦さんも「溜池通信」というＷＥＢレターを毎週読んでいます。テレビからも情報を取りますが、日経やブルームバーグの経済番組でマーケットの情報をチェックしていますが、テレビにはそれほど力を入れていません。

これを全部やるとなると、結構なボリュームになることがお分かりになると思います。読む量が相当多いので、速読が必要になります。

会社勤めの時は早起きしてチェックしていました。今はサラリーマンではありませんから、ゆっくり起きて三時間から四時間かけて、クラシック音楽を聴きながら午前中いっぱいかけて読みます。

あるテレビ局のプロデューサーが取材に来た時に、私の書斎を見て、「今井さんはストイックすぎる。何が楽しみで生きているんだ」と言われましたが、先ほども申し上げたように、私は好きで本を読んだり仕事をしたりしているだけなので、少しも気になりません。

情報は未来志向で重要度を判断せよ

しかし、情報はただ大量に取ればよいというものでもありません。どの情報が重要なのかを判断しないといけません。

そのポイントは「未来志向」です。

例えばアメリカ経済の情報を読む時に、何に注目するかと言いますと、今なら「二〇〇八年の大統領選」というキーワードで見るのです。どういう候補者が出てきていて、どういう政見の持ち主で、どういう資金団体がバックについていて、どういう政策をやろうとしているか、などということがポイントになります。従って、そのポイントに沿った情報を重視するわけです。

中国なら、「原油」がキーワードになります。中国で原油が採れれば、世界から買い漁る必要がなくなるわけですから、経済に大きな影響を与えます。すると中国と油田というテーマで情報を取っていくわけです。

そうして重要テーマが出てくると、そのテーマごとに情報をファイリングしていきます。私の場合、常に六つか七つほどのテーマを同時並行で追いかけるわけですが、そのテーマごとに新聞の切り抜きやパソコンから打ち出したプリント、人から聞いた話のメモ書きなどを、プラスチックのファイルに入れて整理するのです。

重要なのは「当たり屋」の情報

情報を扱う際に最も大切なのは「人」の問題です。

新聞に出ていることをそのまま鵜呑みにしてはいけません。人と情報は密接にくっついており、「その情報は誰が言っているのか」というのは決定的に重要なのです。

インフォメーションという言葉は森鴎外が「情報」と訳したと言われていますが、インフォームという言葉は「形づくる」という意味ですから、本来の英語では割と能動的な意味になります。私は日本語の「情報」の方が良い言葉だと思うのですが、「情けに報いる」と書くように、「情」が入っているんですね。「あの人が言うのだから本当なのだろう」といったニュアンスがあるのです。

従って情報は、誰が言っているのかを見て、重要かどうか、正しいかどうかを判断しなければなりません。例えば、ウォーレン・バフェットやジム・ロジャーズ、ジョージ・ソロスといった世界的な投資家の発言や動向は、やはり重みが違うため、常に注目しておく必要があります。

さらに私は、次のような独自の方法で価値のある情報を集めています。よく新聞などで景気や株価、為替の予測をしています。多くのアナリストやエコノミストが強気論や弱気論を、それぞれの根拠に基づいて発表します。多くの人はそうした記事をその時だけ読んで忘れてしまうのですが、私は半年から一年ほど大事に取っておくのです。

そして半年後なら半年後に、もう一度記事を見直して、実際の景気や株価がどうなったかと照合するのです。すると、誰の予測が当たったのかが分かります。そして「当たり屋」の方に連絡を取るのです。

当たり屋というのは証券業界の用語で、予想がズバズバと当たる人のことです。その逆は曲がり屋とか外れ屋と言います。いわゆる交通事故でわざとぶつかってお金を巻き上げる当たり屋とは、言い方は一緒でも意味は違います。

証券界では「当たり屋について、外れ屋に向かえ」とよく言われます。「向かえ」というのは逆の売買をしろという意味です。外れ屋が買っているのなら、売れということです。

この当たり屋を見つけると、私は必ず電話をかけます。そして「あなたの何カ月前の見通しは正しかった。素晴らしい!」と誉《ほ》めてしまうのです。

まず相手はびっくりします。しかし、同時に嬉しいと感じます。それはそうです。誰でも予想が当たれば、自分では「やった!」と思うものです。しかし、そんな会心の予測も、会社の周りの人は誰も誉めてくれません。私もサラリーマンを四〇年近くやってきたので分かりますが、足の引っ張り合いや悪口の言い合いはしますが、人の仕事を誉めたりはしないものです。

そんな時に、予測もしないところから電話がかかってきて誉めてくれるわけですから、それは嬉しいでしょう。一応、私も業界ではそれなりに名前を知られていますから、「あの今井さんですか?」「その今井さんです」といったやり取りになります。

そこで「是非、一度お話を伺いたい。お忙しいだろうけど、近いうちにランチでも食べながらお話しませんか」と持ちかけます。こう言えば、まず断られません。

そしてお昼に会い、名刺交換をし、出身大学や所属部署、経歴などを教えてもらいます。そうしたバックグラウンドを確認しつつ、予測の当たった新聞記事について、「どのようにして当てたのか。どんな情報を重視したのか」を聞き出します。さらに、記事を発表してから時間が経っていますから、現在の考え方も聞きます。相変わらず強気でいるのか、あるいは弱気に転じたのか、といったことです。

もちろん、聞き出すだけではいけません。こちらからも情報を提供します。相手の話を聞いた上で「あなたがこういう情報を重視しているのなら、こんな話もありますよ」と言って、私なりに相手に役立ちそうな情報を差し上げるわけです。一方的に情報をもらうだけなら、ただの乞食になってしまいます。

最後に、「またお会いしませんか。今後も互いに良い情報を提供し合いましょう」と提案します。これもまずイエスです。こうして味方が一人誕生します。これを繰り返せば、当たり屋ばかりのネットワークができるというわけです。

情報をパーソナル化する方法――当たり屋に直接取材せよ

味方になった当たり屋の情報は、その後新聞などで要チェック項目となります。その人のコメントが記事で出れば、すぐ電話です。そして次のように聞くのです。

「今日出ていた新聞記事は正確ですか？　話していることの半分くらいをカットされたりしていませんか？　見出しはあなたの真意をきちんと伝えていますか？　本当は記事に出ていないことで違うことを言ったりしていませんか？」

新聞記事は紙面の都合で、コメントの一部を切ったり、編集したりすることがありますから、本人の意図とずれることがよくあるのです。

こういう作業をすると情報がパーソナル化するわけです。誰もが読んでいる新聞記事が、自分だけの情報になるのです。互いに知り合いだから、本当のことを話してくれます。すると新聞記事が非常に有用な記事になります。

このように、情報は読むだけでなく、なるべく人に会って掘り下げることが大切なのです。ですから、私は「良い記事を見たら、即会いに行く」という基本姿勢を持っています。とにかく腰を軽くしてフットワーク良く動きます。必要とあれば外国にでも行きます。

とりわけ私が注目しているのは、当たり屋もそうですが、日本の商社マンです。日本の総合商社は相当優れた情報組織で、世界の政治経済の情勢をいち早くつかんでいます。世界中に張り巡らせたネットワークから集まった具体的な情報を、総合的に判断する人が各社に一人ずついるのですが（レポートを書いているアナリストではありません）、彼らと個人的にお付き合いするようにして、話を聞きにいくようにしています。

ただ、当たり屋だからと言って何でも教えてくれるわけではありません。新聞に経済情報を出す人というのは、たいてい組織の中にいます。銀行の調査部長だったり、証券会社に所属するアナリストだったり、日銀や政府に所属していたりするわけです。彼らは組織に縛られて、タブーみたいなことは言えません。立場上、組織に背くような情報は出せないんですね。

ですから当たり屋と仲良くなって、深い情報を取るようにしても、当然、限界があります。私が山一証券や日債銀にいた時に、内情が苦しいことを知ってはいても、そのまま外に言えなかったのと同じ事情です。

タブー情報を入手する方法——外国人から情報を取れ

では、そのタブーで言えない情報はどうつかめばよいのでしょうか。

それは「外国人」に聞けばよいのです。

日本の経済予測をする場合なら、日本に詳しい外国人を使うのです。第二章でも海外の常識から見て、日本の非常識なやり方はいずれ破綻すると予測した例を紹介しました。外国人なら、日本社会の常識やタブーにとらわれずに、物事を見ることができるし、独自の情報も持っています。

私の場合は、日本株投資のファンドマネージャーに知り合いが多いのが強みになっています。彼らは日本に住んでいないので、普通の人は会うこともありません。日本にいる外資系証券会社の日本株の担当者はほとんど日本人です。彼らはアメリカ本社から見れば、はっきり言って支店のお雇い外人に過ぎません。本社の大方針は分かりません。

私は毎年一一月の終わりくらいからニューヨークに行くのですが、どこの機関投資家も年末に「翌年どうなるか」を話し合う投資委員会を開くのです。そしてレポートを一二月に出して、翌年の投資方針を決めるのです。株を何割入れるか、日本株の比率を何%にするかといったことです。私はその投資委員会に参加するメンバーとランチや

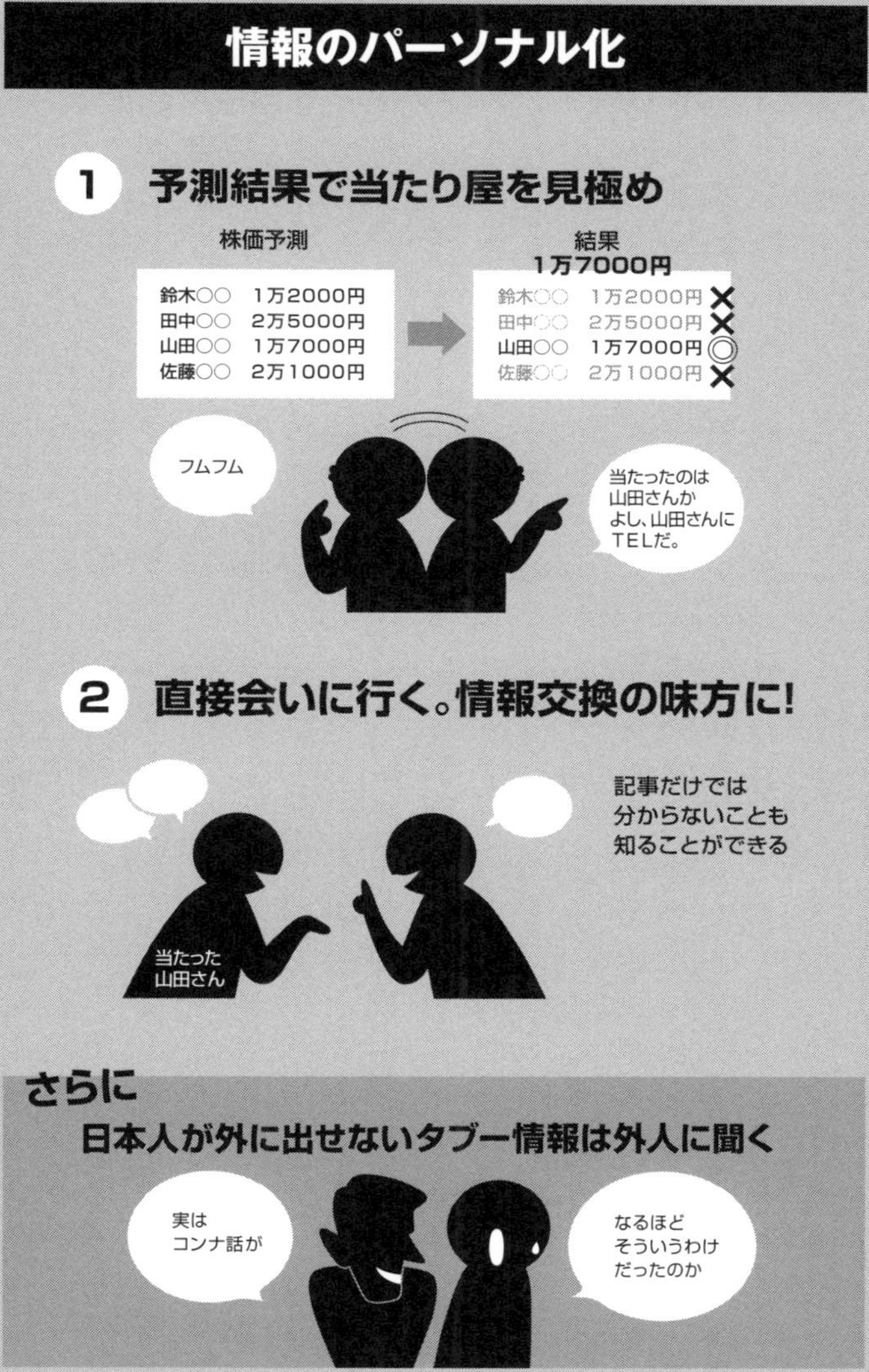
情報のパーソナル化
1 予測結果で当たり屋を見極め
株価予測
鈴木○○ 1万2000円
田中○○ 2万5000円
山田○○ 1万7000円
佐藤○○ 2万1000円
結果
1万7000円
鈴木○○ 1万2000円 ×
田中○○ 2万5000円 ×
山田○○ 1万7000円 ◎
佐藤○○ 2万1000円 ×
フムフム
当たったのは
山田さんか
よし、山田さんに
TELだ。
2 直接会いに行く。情報交換の味方に!
記事だけでは
分からないことも
知ることができる
当たった
山田さん
さらに
日本人が外に出せないタブー情報は外人に聞く
実は
コンナ話が
なるほど
そういうわけ
だったのか

ディナーを食べながら、直接機関投資家の大方針を聞くのです。

外国人の見通しが見事に当たったケースで有名なのは、ロンドンのエコノミスト誌の編集長をしていたビル・エモットという人です。バブルの天井の時、『日はまた沈む』という本を書いて日本株の暴落を予測しました。みんな「日本経済はまだ大丈夫」だと言って馬鹿にしていたのですが、実際は言った通りになりました。さらにまた二〇〇六年には『日はまた昇る』という本を書いて、日本の復活を予測して、また当てています。

これは本になっているから分かりやすい例ですが、投資の世界はもっと厳しいのが現実です。

例えば、二〇〇六年の一一月にニューヨークに行って分かったのは、朝鮮半島の問題を外国人は、「日本は今まで抱えていなかった地政学的な問題を抱え込んでしまった」と見ていることです。日本人は、お隣さんだし、アメリカもいるから、大丈夫だろうと考えています。

ところが、詳しくは第二部で述べますが（173ページ）、外国人は北朝鮮の問題について、日本にとって極めて深刻なシナリオを描いています。その結果、日本向けの投資の比率を上げないようにしているのです。だからニューヨークの株価が新高値を記録し、ナスダックも新高値を出しているのに、日本の株価が今ひとつ上がらないのです。

その辺の事情は、日本人に聞くだけでは絶対に出てきません。外資系の証券会社に勤める日本人のアナリストや日本の大きな証券会社のアナリストが、アメリカに行って「日本株を買いなさい」とプレゼンし、ディスカッションする際に、仮にそうした深い情報を聞く機会があったとしても、組織上の問題があって発表できません。

エコノミストがホテルに集まってランチを食べて、資料を使ってプレゼンし、参加者はその内容をノートに書き写して――というスタイルで勉強しているだけでは、本当に必要な情報は出てこないのです。

なぜイギリス人は投資が得意なのか

外国人は長い間、国際投資に携わっていて、慣れており、経験も豊富なので、彼らの経験や知恵を借りることは非常に大切です。

私はアメリカだけでなく、イギリスの人たちとも仲が良いのですが、彼らは自力で産業革命を起こし、世界の海を支配しています。日本人とは比較にならない経験知を持っているわけです。

例えば投資顧問業というのは、今では当たり前の産業ですが、イギリスが発祥です。イギリスが世界の海を支配していた一九世紀のことですが、当時の世界最高のハイテク製品は蒸気船です。当時はまだ石油はありませんから、石炭積みの軍艦の時代です。大砲が載った蒸気船ですね。

その軍艦をつくっているのがグラスゴーという港町です。経済学の父のアダム・スミスもグラスゴー大学にいました。この町はアメリカに向かう大西洋航路の拠点となる町で、紅茶を運んだりしていました。日本が日露戦争で戦った時の連合艦隊もここでつくられました。ロシアのバルチック艦隊もグラスゴー製で、グラスゴーの造船所でつくった軍艦同士が戦ったのが日露戦争だったのです。ですから、グラスゴーは日本贔屓《びいき》で、いい軍艦を日本に回したから戦争に勝てたんだなどという冗談が言われたりしました。

実際は、バルチック艦隊はインド洋を回って長い航海を続けたので、船底にフジツボが付着して船足が遅くなったために、日本の連合艦隊が有利になって勝ったと言われています。

いずれにしても、日本が戦争に勝つと、勝った日本からグラスゴーの造船業に次々と注文が来るようになりました。ほかの国からも来ました。

その結果、グラスゴーに造船成金が続々と誕生したのです。ところが、その後、グラスゴーの造船業は衰えていきます。日本や韓国が追い上げて自分で船をつくるようになり、グラスゴーは小さな漁船や修繕船、北海で原油を採掘するプラットホームをつくる程度の小さな産業になってしまいました。

グラスゴーで成金が続々誕生した時代に、造船成金のお金を預かって運用していた公認会計士事務所や弁護士事務所が、専門の資産運用の仕事を始めたのが、世界で初めての投資顧問業です。

彼らはアルゼンチンの鉄道債券を買うなど、利回りの高い投資をしました。当時はアルゼンチンの通貨の見通しもよく、経済も順調でした。アルゼンチンは戦前までは先進国だったのです。そういうところに投資して儲けたため、グラスゴーやその近くのエジンバラの投資顧問業はすぐに大きく成長しました。

その結果、今でもスコットランドで一番大きな産業は投資顧問業です。もちろん、その流れはロンドンにも伝わり、シティという小さな町で銀行や投資顧問業が発展しました。今一五万人ものエリート中のエリートがシティで働いています。税制のからみでフランス人がロンドンで四万人も働いています。

今、イギリスのGDPの一八％はシティが金融で生み出しています。造船をはじめ、製造業などの産業はダメになりましたが、金融に関しては世界で一番古い歴史を持っており、やはりその技術は他の国を圧倒しています。

先進国の歴史を知っていれば日本の未来が分かる

私はそのイギリスの投資顧問会社と組んで山一証券や日債銀との合弁企業を立ち上げたので、彼らの実力をよく知っているのですが、それを初めて思い知ったのは昭和三六年頃のことです。

今は合併されて違う名前になっていますが、ヴィッカーズ・ダコスタという証券会社が日本株を買いにやってきました。初めにジョン・グレイという人が「日本が面白い」と言ってやってきたのですが、その後、ウォーバーグのスミザーズ氏など、いろんな証券会社がやってきました。当時は山一証券が業界トップなので、みんな聞きにきたのですが、私は英語が分からないながらも、一応相手をしていたのです。

ある時、私が日本企業のバランスシートを見せると、「あなたが見せてくれた会社の中では、この会社とこの会社がいい」などと言うのです。日本語は読めないのに、バランスシートを見て、その位置から売上高がどこで有形固定資産はここでと見当をつけて、いとも簡単に財務分析をするんですね。

しかも半年くらいすると、彼がいいと言った会社の株価が実際に上がるのです。不思議に思ってこう聞いてみました。

「なぜ、バスケットの中からおいしい果物を探し当てるように、上がる企業を見分けることができるんだ」と。

すると、こう答えました。

「実は簡単なことだ。あなたがたの国は経済がものすごく伸びていて二桁成長に近い。これはちょうど数十年前のイギリスと同じなんだ。自分は話に聞いているだけの歴史だが、それでもイギリスの歴史を勉強していれば、どういう時期にどういう産業が伸びたかが分かる。その通りの順番で日本の企業を買っていくだけだから、実に簡単なんだ」

それを聞いて、私はものすごい衝撃を受けました。それまで日本のことしか頭になかったのです。しかしイギリスの人はそうではない。イギリス自身の歴史も見ているし、国際投資の経験が豊富なので、国が近代化する時には、どういう順番で産業がよくなっていくのか経験的に知っていたのです。

今でこそ、日本経済がアメリカの後追いで発展していることは、みんな知っていますが、当時の日本はまだ閉鎖された経済で貿易が自由化されていなかったわけですから、海外に日本企業の何十倍という規模の会社があることは知識としては知っていましたが、それが日本の経済とどう関係しているか、実感がなかったのです。

それから私は外国人の視点を非常に重要視するようになりました。

松下電器が飛躍的に伸びた最大の秘密

実は、実業の世界でこのやり方で会社を大きくした人がいます。松下電器の松下幸之助さんです。

これは松下さんが社長から会長になるかどうかというくらいの時に私が本人から直接聞いた話です。

まだ戦争が終わって間もない頃で、プラグやソケット、電球などをつくっていた普通の会社の時です。すでに上場はしていましたが、今ほどの大企業ではありませんでした。松下さんはアメリカに視察に行きました。その際にニューヨークの摩天楼やナイアガラの滝といった観光コースをセットしたら、松下さんは「そんなところには行かない」と言うのです。そして「田舎の普通の家庭に行かせてもらって、一泊か二泊して、そのご家庭の奥さんがどのような生活をしているのかを知りたい」と言ったそうです。言っただけでなく、実際にそうしました。

すると、アメリカでは家庭電化が進んでいることが分かりました。当時のことですから冷蔵庫や扇風機、掃除機がある程度ですが、それでも日本から見れば相当に進んでいました。

それを見て帰国した松下さんが何をしたかと言いますと、「新工場をつくります」と発表したのです。どういう工場かというと、モーター工場でした。しかも、当時の日本のモーターの全生産量と同じくらいの大工場です。周囲の人は何が何だか分かりません。しかし松下さんは信用があったので銀行からお金も借りられましたし、堅実経営で手金もありましたから、敢然と大工場をつくってしまったわけです。

新工場が完成して落成式の時に、新聞記者が聞きました。

「こんなに大きな工場でモーターをたくさんつくって、一体何に使うんですか」

すると松下さんは「みんながこのモーターをお買いになるんです」と答えたそうです。それを聞いて新聞記者はみんなワーッと笑いました。「何を馬鹿なことを言っているのか」ということだったのでしょう。

松下さんの考えはこうでした。

モーターというのは、冷蔵庫のコンプレッサーに一つ入る、洗濯機にも入る、扇風機にも入る、家の中の家電はモーターだらけである。いわゆる白物家電はホーロー引きの板と回すものとでできており、要はモーターが一番大事な部分。ここにコストがかかる。ということはモーターを大量につくればコストが安くなるし、故障も減る。そうすれば冷蔵庫や洗濯機をつくっても、たいていの価格競争に耐えられる――。

実際、今の家庭でも平均で一〇数個から二〇個近くモーターがあります。標準三層電動機といって、型が決まっています。当時はモーターの生産は東芝がダントツの一位で、その他には日立などの重電機メーカーがつくっていました。重電機メーカーはすでに自分でモーターをつくっていたので、そのモーターの使い道を増やす目的で家庭電器に進出していました。つまり既成のモーターを広げようとしていたわけですが、松下電器は家電専用のモーターを新しくつくろうとした上に、東芝や日立の工場を足したのよりも大きな工場をつくったのです。これなら東芝や日立が束になって、いくら安売りしても、びくともしません。

その後、松下さんの読みはズバリ的中し、モーターの新工場はすぐに生産が追いつかなくなり、増産しました。これが松下電器という会社が白物家電で飛躍的に大きくなった最大の秘密です。

松下さんは、アメリカに行った時に「女性の労働はこれから変わる」と思ったそうです。日本国内は戦争に負けて台湾や満州を失ってガックリきている時に、国際的な視野を持って成功したわけです。その頃、アメリカに行ったのは何も松下さん一人ではなかったはずです。多くの人はニューヨークの摩天楼やナイアガラの滝を見て、「こんな国と戦っても負けるはずだ」と思ってしまったんですね。ところが松下さんはアメリカの普通の家庭の暮らしぶりを見に行って、「家庭電化がこれから始まる。日本もそうなる」と感じて、自分の会社でモーターを生産するというところまで発想したわけです。

それも銀行や会社の部下に相談すると、「時期尚早」とか「日本の洗濯は伝統的に粉石けんと洗濯板とたらいでするんだ」とか「うちわがあれば扇風機などいらない」などと言われて反対することが目に見えています。普通の人は松下さんのように先見力があるわけではありませんから、松下さんはあまり説明することなく、半ば強引に新工場を建設したわけです。

普及率が一割を超えると新製品は一気に広まる

松下さんの晩年に片腕だった人に、こんな話を聞いたことがあります。家電業界に限らず、どんな商品でもそうなのですが、新製品を出すと必ず買ってくれるお客様というのが、必ず一定の割合でいるそうです。

仮に縦五軒、横五軒で、合計二五軒の住宅街があるとします。するとその二五軒のうち一軒、つまり四％は、新製品を何でも買ってくれるそうです。例えば洗濯機なら洗濯機を買ったとしますと、まずは一軒だけが洗濯機を持っている状態になります。残りの二四軒は「買いたいけど、主人が反対している」「高いじゃないか」「まだ洗濯板で十分だ」

などと言っている状態です。メーカーからすれば、辛抱して売っている時代です。テレビで宣伝したりして、必死に普及に努めている頃です。

次にじわじわと売れて、九軒に一軒が洗濯機を持つようになったとします。普及率で一一%です。だいたい一割ですね。猛烈に売れるようになるのはこの段階です。滑走路を走っていた飛行機が離陸してキューっと上がっていくような感じになります。それまでずっと寝ていたグラフが立ってくるのです。

どういうわけでそうなるかと言いますと、「向こう三軒両隣」と言いますが、残りの八件にとって、この一軒の家はみんなお隣さんになるのです。この人たちはみんな普段からおしゃべりをしていますから、洗濯機のある家があっという間に洗濯を終えてしまい、非常に家事が楽になったことを肌で感じ始めるのです。すると残りの八軒の奥さんも、少なくともその買った一軒と生活水準がそう変わらなければ、本気でウチも買いたいと思うわけです。

その結果、残りの家も洗濯機を続々と買い始め、ついには三軒に一軒が洗濯機を持つようになります。日本人は面白いことに、こういう状況になると、持たない二軒の家は、持っている一軒の家に対して引け目を感じるようになります。こうなると、あっという間に三軒に二軒が持つようになります。その頃には、相当な台数が売れてマーケットが大きくなっていますから、家電メーカーは儲かるようになります。工場の償却も終わっていますから、操業率が上がるほど利益が出ます。

これが新製品を売り出す時の基本です。もちろん製品によってパターンは多少異なります。洗濯機やテレビはみんな使えるから一〇〇％近くなりますが、ＶＴＲなどは使えない人もいて一〇〇％までは中々いかないわけです。

いずれにしても経験的に普及率が一割を超えると、グラフが猛烈に上がるというパターンがあるのです。ちなみに、今液晶テレビやプラズマテレビといった薄型テレビがちょうど二割くらいになったところです。シャープや松下電器などが値下げ競争に入って、ついて来られない会社を振り切ろうとしているところですね。そのうちに普及率が五割以上に上がってきたら、先行企業は十分儲かる形になります。

メーカーはこういう新製品の普及パターンがあることを知って経営戦略を組み立てています。これも知っているのと知らないのとでは、大きな差があるわけです。

松下さんは本当に優れた経営者で、ものすごい先見性の持ち主でした。昭和五〇年代

新製品の普及パターン

1軒だけが買っている。
残りの24軒は「まだ高い」
などと言っている状態。

9軒に1軒が買っている。
みんなが「お隣さんは
買った」という状態。
一気に売れ始める頃。

3軒に1軒が買っている。
買っていない2軒は、買った
1軒に引け目を感じてしまう。

に「山下跳び」と言って、二六人抜きで山下俊彦さんがいきなり平の取締役から社長になったことがありました。その山下社長の時に、山一証券経済研究所で『松下電器の研究』という本をつくりました。私も執筆メンバーだったのですが、その時に山下社長をはじめ、全役員に話を聞き、全工場を回ったことがあります。その時に、松下電器では「未来研究所」というのをつくって、未来予測をしていたのです。今でこそ、未来研究はどこでもやっていますが、当時の日本では誰もそんなことを言っていませんでした。

その時に、松下電器では、「一九世紀は化学の時代、二〇世紀は物理の時代、そして二一世紀は生物の時代」と言っていたのが印象に残っています。今、バイオテクノロジーが脚光を浴びている現状を見ますと、それを四〇年近くも前に予測した松下電器の先見性に舌を巻く思いがします。

考えてみますと、松下政経塾もＰＨＰ研究所も、ものすごい先見性でした。私自身は事業家ではありませんから、松下さんのようにはできませんが、時代の先を読む仕事をしている者として、松下さんの先見性は非常に参考になると思います。

グリーンスパン氏の予測法——鉄スクラップの価格とイールドスプレッド

アメリカのＦＲＢの元議長のグリーンスパン氏からも多くのことを学びました。これも三〇年以上も前の話ですが、私が山一証券経済研究所のニューヨークの支所長だった時のことです。グリーンスパン氏の講演会があると言うので、講演会を聞きにいったことがあります。当時、グリーンスパン氏は今ほど著名な人物ではありませんでしたが、タウンゼント・アンド・グリーンスパンという小さなエコノミスト事務所の所長で、株や景気の見通しがズバズバ当たるというので有名でした。あまりにも的中するので、レーガン大統領が日本の経済企画庁長官に当たる大統領経済諮問委員会の委員長に抜擢《ばってき》し、それからＦＲＢの議長になりました。

講演会では二〇〜三〇の資料を駆使して話をしていました。それは素晴らしい講演で大変参考になったのですが、どうしても質問したいことが出てきました。しかし、直接会えるような立場ではありませんでしたから、事務所のスタッフに聞いてみたんですね。「講演では資料を二〇も三〇も使っていましたが、もし一つしかデータを使えないとすれば、グリーンスパン氏は何を使いますか？」と。

そうしたら、そのスタッフがちゃんと本人に聞いてくれたんです。すると「プライセズ・オブ・スクラップ・メタルズ」と答えたのです。鉄や銅、アルミなど、金属のスクラップの価格を見る、と。

あまりにも意外な返事だったので大変驚いたのと同時に「さすがだ」と思いました。

普通、銀行や元の経済企画庁（現内閣府）、日銀出身のエコノミストが講演をする時は、お役所が発表した統計をベースに、そのトレンドが今も続いているという前提で経済分析をすることが多いのです。彼らは一応一番新しい数字を使って言いますが、仮に八月末現在で言うとせいぜい六月の数字が一番新しいところです。確かに六月の状況は八月まで続くかもしれませんが、その二ヵ月の間に状況が劇的に変わるかもしれないわけです。滅茶苦茶良くなるかもしれないし、悪くなるかもしれないでしょう。

そこでグリーンスパン氏は、スクラップメタルズの価格を見れば、製造業がらみの景気が読めると言います。どうしてかと言いますと、銅とか他の金属でも同じなのですが、静脈産業でくず鉄屋さんというのがあります。鉄の場合だと、鉄をつくるのにくず鉄を一割くらい使うのです。工作機械の削りかすや自動車のボディの古いものを集めてきてくず鉄屋さんに持ち込みますね。工場の方は少し生産を増やそうとすると、そのくず鉄屋からくず鉄を買うわけです。すると値段が即座に反応してピッと上がります。

鉄スクラップ相場推移グラフ

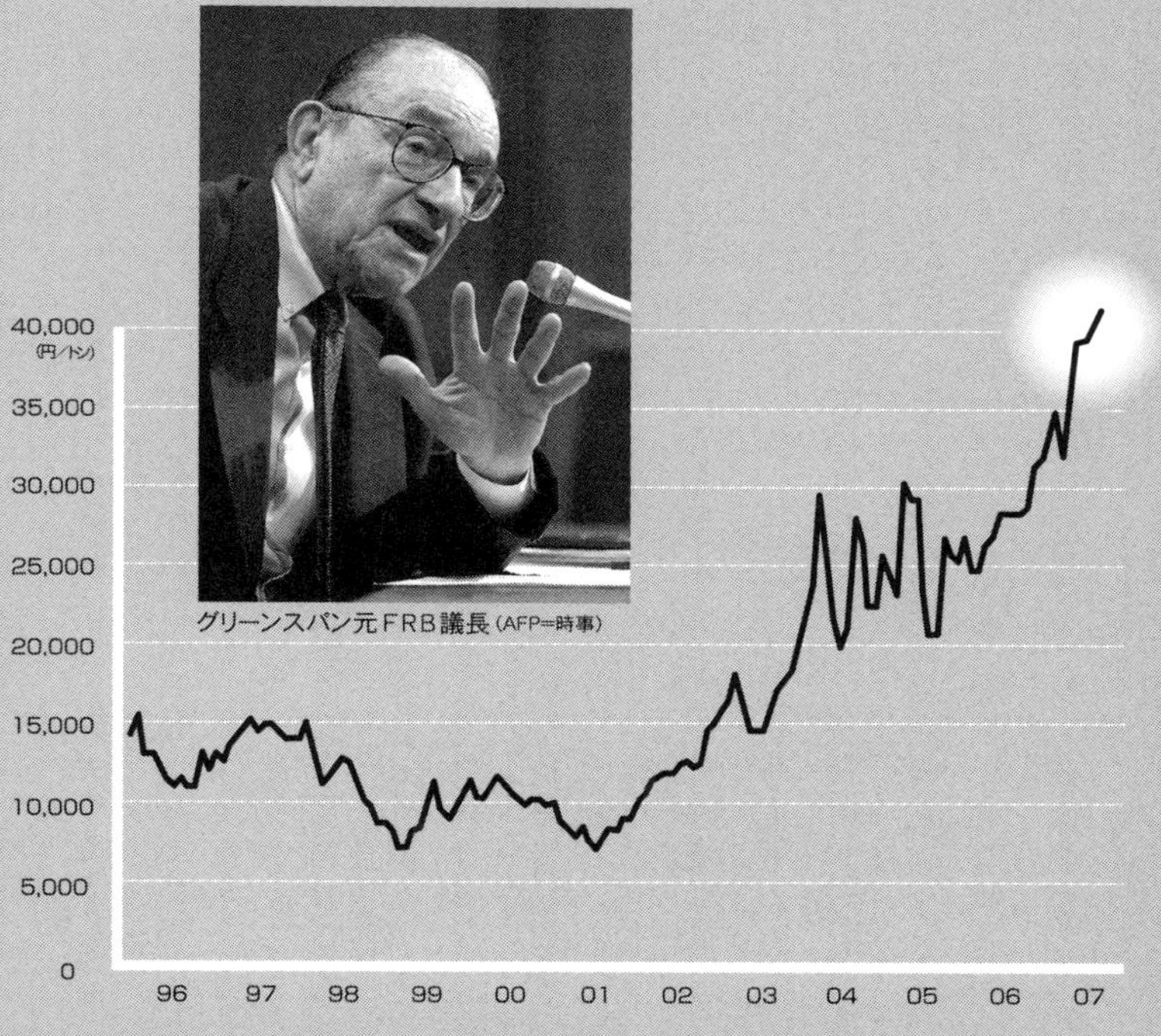

グリーンスパン元ＦＲＢ議長（AFP=時事）

東京製織・宇都宮工場の新断バラ月初炉前価格 2006 年から関東地区価格
データ：日刊市況通信社

鉄のスクラップの相場を見ますと（前ページ）、九〇年代の後半に一万五〇〇〇円の壁を全然抜けなかったのが、二〇〇三年からすーっと上がっています。この頃から売買量が急激に増えたのですが、実は中国向けの輸出が増えたのです。それまで日本は鉄くずを輸出したことはなかったのですが、今では鉄くず業界は輸出産業になり、中国にどんどん売っています。グリーンスパン氏の言うように、金属のスクラップの価格は景気の先行指標になっているんですね。もちろん今でも通用する重要な指標です。ですからこの三〇年来、私も景気を読むのにスクラップの価格を重視しているのです。

グリーンスパン氏からは、もう一つ重要な指標を教わりました。「イールドスプレッド」というものです。イールドは利回りという意味で、スプレッドは差とか格差という意味です。この指標はグリーンスパン氏が考え出したもので、これは直接教わったわけではなく、この指標を使っていたマレー・ジョンストンのマネージャーから聞いて知ったんですね。「世界のファンドマネージャーはこれで判断している」と聞いて、私も使うようになりました。

実は私が八〇年代末に株価が三万八〇〇〇円で下がると弱気論を言ったのも、このイールドスプレッドが根拠です。九〇年の一月に東洋経済に署名記事を書きましたが、この指標を元に「株は戻れば売り、戻れば売りと、株価は〝売り〟を中心に考えろ」と書いて、アメリカの有力経済誌のビジネスウィークに、「東京のビッグベア（超弱気論者）」などと書かれたのはこの頃です（ここ数年は逆に「強気の今井」と言われていますが）。

詳しく説明しましょう。まず、一〇年ものの長期国債の利回りを取ります。今日本だと一・六％ほどです。

次に株式の益回りを取ります。益回りという言葉は耳慣れないかもしれませんが、一株当たりの利益を分子にして、分母は日経平均でも個別の銘柄でも何でも構いません。すると益回りが何％という数字が出せるはずです。二〇〇八年三月期決算の一株当たりの利益予想が九三〇円、日経平均が一万六五〇〇円（二〇〇七年九月一日現在）で計算すると五・六％くらいになります。

この長期金利の一・六％から益回りの五・六％を引くと、マイナス四％になります。これがイールドスプレッドです。マイナス四％というのは、実はかなり低い数字です。経済理論では、イールドスプレッドは経済成長率と一緒ということになっています。現在の日本の成長率はだいたい二％ほどですから、本来イールドスプレッドも二％でなければなりません。なのにマイナス四％ですから、六％ものズレがあるわけです。それだけ日本株は割安ということです。

元々グリーンスパンは割り算で計算していたですが、イギリスやスコットランドのファンドマネージャーは数学の能力がものすごく低いために、実は割り算ができないのです。しかし引き算ならできます。どちらでやっても同じなので、簡単な引き算の方が普及しているわけです。

このイールドスプレッドは九〇年の時に五％台の上の方までいっていました。今とは逆に相当な割高でした。それで日経平均が一万円、二万円とすぐに下がってもおかしくない状況でした。それで弱気でいったわけです。

景気ウォッチャー指数も重要

もう一つ私が重要視している指標があります。

それは景気ウォッチャー指数です。これは堺屋太一さんが経済企画庁長官の時に考え出されたもので、タクシーの運転手やレストランの店長に、「お客さんはどれくらい来

日経平均　おなじみのイールドスプレッド

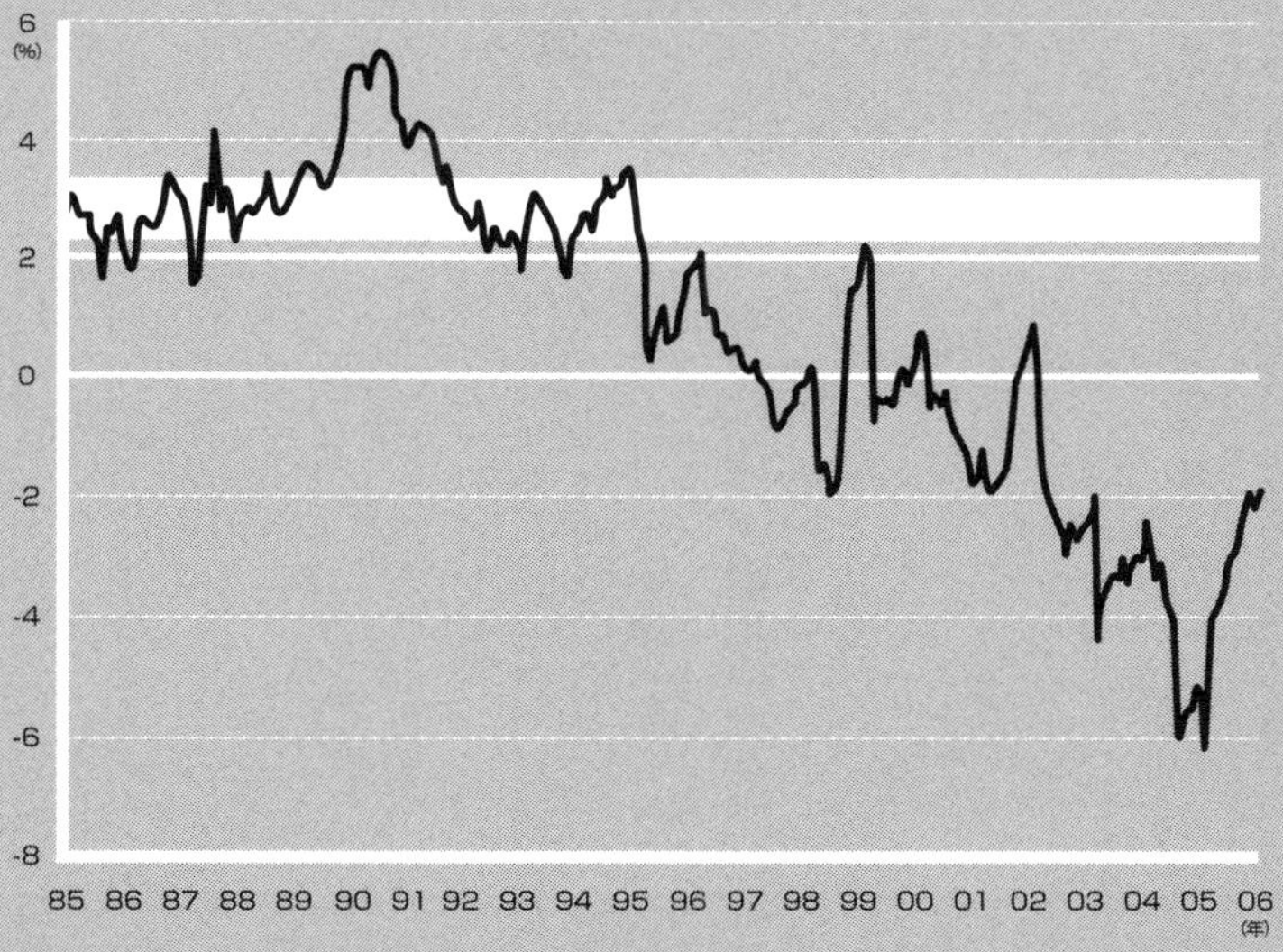

《イールドスプレッド試算》

日経平均株価：16,500円として2008年3月期益回り5.6%
長期金利：1.6%　現在マイナス4.0%

一株当たり利益予想　2007／3期　850円
2008／3期　1,000円

たか」「単価はどうか」といったことを聞いて数値化した指標です。月一回発表されています。これは非常に重要な指標で、地域ごとにも出ますし、企業がらみ、家計がらみでも詳しく出ます。タクシーの運転手なら数字だけでなく、ヒヤリングの内容が中身のコメントまで出ています。多くの人は気づいていませんが、現場の生の声が整理されていて極めて重要なもので、私も毎回気をつけてチェックしています。

ほかにも重視している指標は、いろいろあります。

株価は業種ごとに指標になっている銘柄がありますから、何かあるたびに株価がどう反応しているかを見ます。業界トップの企業の株価は毎日ざっと確認します。

債券ならイールドカーブがどうなっているか、為替ならシカゴの先物マーケットの動向は当然見ます。

商品も重要です。原油ならニューヨークのWTI。日本の場合はドバイ。ヨーロッパは北海ブレンド。現物も先物も、両方の相場を見ておきます。金はニューヨーク市場を見ます。国際的にはオンス当たり幾らで見るのですが、東京はグラム当たり何円なので、あまり参考になりません。

さらに、先ほども述べましたように、アルミや銅、鉄のスクラップの値段を見ています。

結論の導き方――ベクトルとシナリオを描く

以上、情報の集め方を中心に話してきましたが、次には、それをどう頭の中で整理して結論を出すかが問題になります。

一つはベクトルを描くという方法です。

例えば中東和平というテーマで考えてみましょう。一方でテロが起きて○○の町は危ないという情報があります。その一方でイランとアメリカの外務大臣が会っているという情報が入ってきます。戦争に向かう材料と和平に向かう材料と両方出てきたわけです。次に個別の材料について、そのベクトルの太さ、長さを見て、全体としてどちらの方へ向いているのかを考えます。それで最終的にアメリカは撤退せざるを得なくなってベトナムみたいになるのか、それともならないのかを見ていくのです。

原油の場合なら、産地であるロシアのルーブルの価値はどうか、ロシア株の動向はどうか、そしてマーケットはどう反応しているかを見ていきます。

複数の個別の材料をプリントアウトして机に並べて、情報を見比べてみたり、あるいはノートに図や絵を描いたりして考えていくのです。もし、その過程で分からないことがあれば、専門家に連絡を取って聞きにいきます。個別の材料を並べて「全体で」見るのがポイントです。

シナリオを描いて、それに合う材料と反する材料を揃えて考えていくというやり方も有効です。

例えば二〇〇二年に私が想定した「近いうちに景気回復が始まる」というシナリオで考えてみましょう。

まず景気回復のブレーキになっている材料を考えます。すると最大の問題は土地だと考えられます。特に銀行が担保にしている土地の価格が下げ止まらないというのは重要なマイナス材料です。

一方でアメリカでクリントン政権からブッシュ政権に変わったという材料がありま す。クリントン政権は、日本をさんざんいじめてきて、大統領自ら口先介入して円高誘導したり、大統領夫妻が東京を素通りして中国に行ったり、アメリカにある日本の子会社が片っ端から訴えられたりと、日本にとって悪いことが続きました。

ベクトルを描いて結論を出す

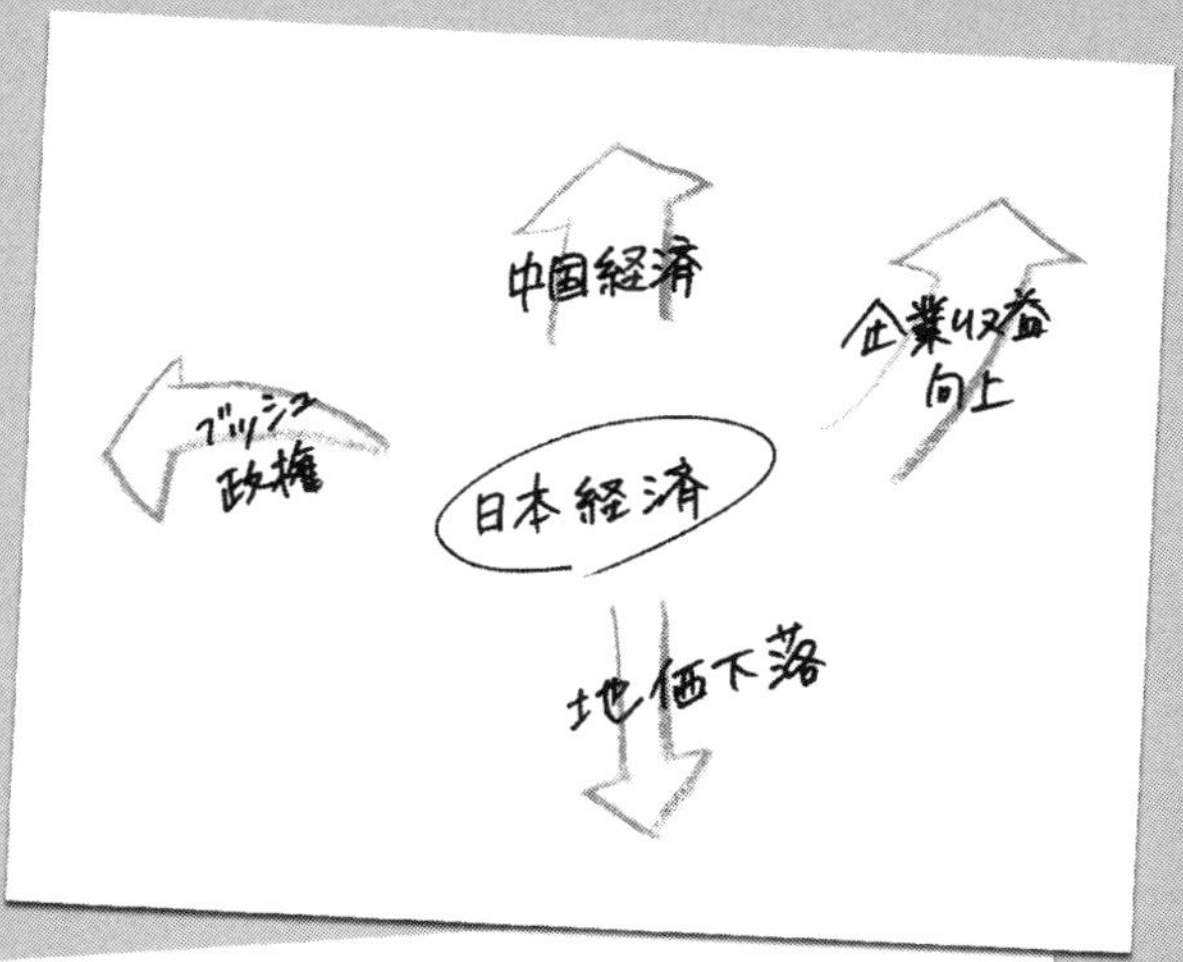

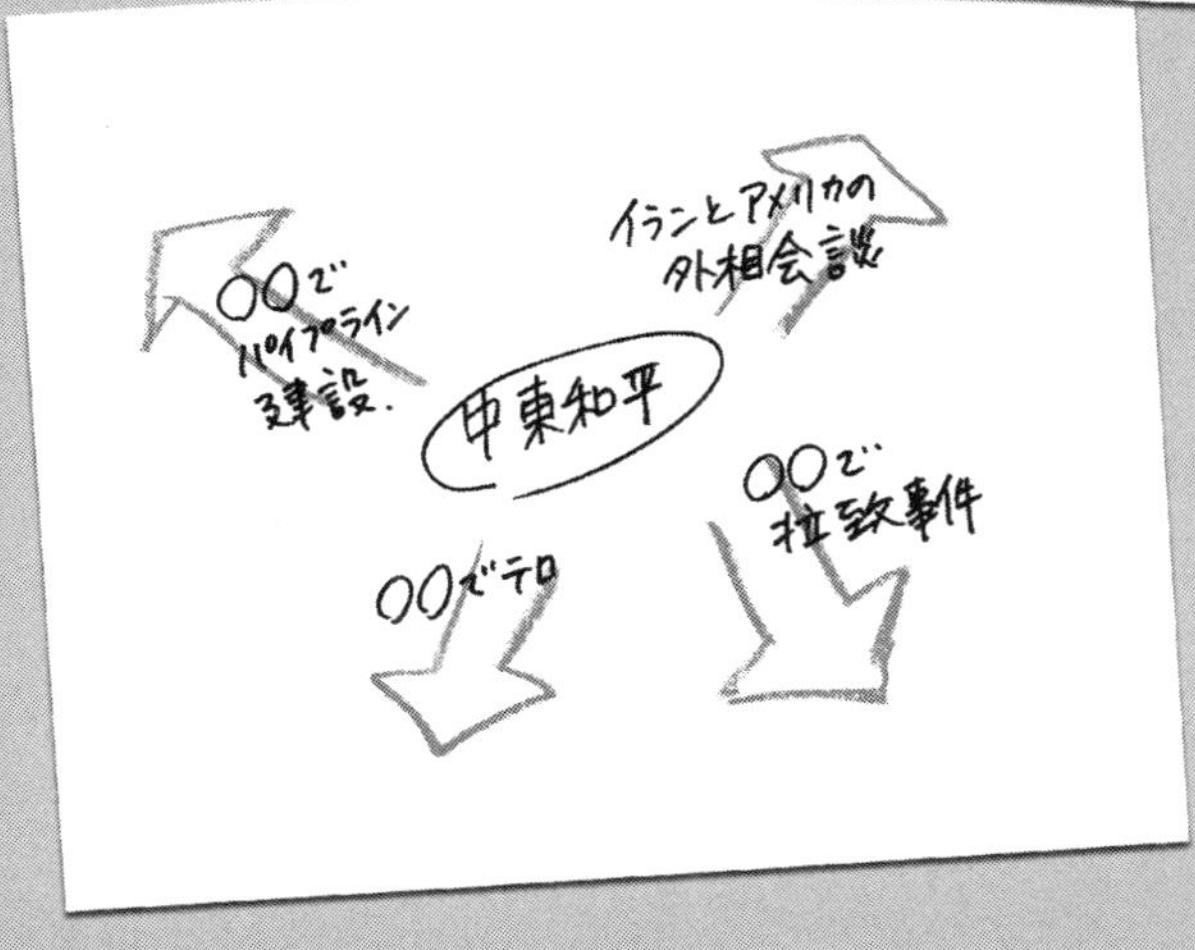

ところがブッシュ政権になってから、政策を転換して日本に輸入をもっと増やせという圧力をかけるのをやめて、輸出してもいいから儲けた貿易黒字はアメリカに再投資してくれという要望に変わりました。アメリカの会社や労組は文句を言うけど、それは抑えるというのですから、日本にとっては素晴らしい話です。こういうプラスの材料が二〇〇〇年近辺になって出てきました。

そうこうするうちに今度は中国がよくなってきて、鉄の需要が増えてくるというプラス材料も出てきます。

すると「鉄鋼だけではなく、プラスチックもいいのではないか」という仮説が立ちます。それで、化学業界を調べてみますと、日本にエチレンセンターという石油化学のプラントのセンターが一四あるのですが、関係者に「中国特需がなかったら、プラントセンターはどうなっていましたか」と質問したら、「四つか五つは潰れていただろう」と言います。予想通り中国向けのプラスチックの需要が高まっていたのです。広島県の府中というところに射出成型幾というプラスチック部品の射出成型機をつくる会社があるのですが、聞いてみると工場が土日返上で稼動していると言います。

さらに中国特需が起きているなら、当然製品を船で運びますから、造船もいいはずだという話になります。貨物船のレートはタクシーのような固定料金ではありませんから需要があれば上がっていくはずです。調べてみたら、安値の時に比べて四倍から五倍になっていました。

次は企業収益がどこで上がってくるかということになります。そこで私は二〇〇二年に、ある薬のチェーンに話を聞きに行きました。なぜ薬屋かと言いますと、トイレットペーパーの回転率を調べたかったのです。

それも銀座や赤坂、六本木の高級クラブで使うような模様の入った高いトイレットペーパーです。その回転率がなぜ重要なのでしょうか。

企業収益が良くなると、初めによくなるのは企業の重役の交際費です。重役たちが行くのは銀座や赤坂、六本木です。そういう町の高級クラブでは、トイレットペーパーは一〇個セットのような安物は使いません。そしてお客様がトイレで腰を下ろさなければ決して減りません。従って、高級トイレットペーパーが動いているということは、重役が交際費を使い始めているということになり、重役が交際費を使うということは企業収益が改善されているということになります。実際、二〇〇二年頃から高級トイレットペーパーの回転率は上がっていました。

すると残る不安材料は、土地ということになります。第二部で詳しく述べますが（122ページ）、土地というのは三七歳から四〇歳という家を買う年齢層の人口が多いと上がっていくというデータがあって、人口の多い第二次ベビーブーマー世代がこの年齢になる二〇一〇年代には相当上がるはずだという予測が立ちます。ということは、土地の問題もいずれ解決すると読んで、私は強気に転じたわけです。

このシナリオを考えて、材料を並べて判断するというやり方は非常に有効です。

投資の基本的な考え方——ボトムアップとトップダウン

投資をする際の考え方も簡単に整理しておきましょう。

投資で常に勝つのは、自信を持って投資をし、二、三年間投資して五割くらい儲ける、というやり方です。これが一番リーズナブルです。三年で五割というのは相当良い数字です。一〇年で五割でも悪くないくらいです。

投資の仕方には二つあります。

一つはボトムアップ。「当たり屋」に良い銘柄のヒントを教えてもらい、損するリスクをできるだけ少なくして、リターンを狙う方法です。一番底の細かいところから上の広いところに上がっていくというやり方です。ただ、いきなり個別の銘柄に賭けていくのは、一番怖いやり方でもあります。上がったり下がったりするたびに一喜一憂し、すぐに上がらなければ奨めた人に文句を言いたくなるという欠点があります。

もう一つのやり方はトップダウンです。個別銘柄から出発するボトムアップとは逆に、世の中はこうなるから、この業界はこうなる、すると伸びる企業はここだ、というように考えていく方法です。このやり方は相当勉強しないといけないし、面倒なのでみんなやりません。しかし、現実にはここまでしっかり考えて下ろしていくほうが、実は安心して投資できるのです。目先の上げ下げにぶれないわけです。多少の変化があっても動じないのです。

例えば世の中の景気が右肩上がりという方向なのであれば、少し上がったからと言って慌てて売る必要はないし、少々下がったからと言って「押し目でチャンスだから買う」という判断ができます。三年で五割を狙うなら、ある程度上がったら、半分とか三分の一を売っておいてキャッシュにしておけば安心だし、もし安値が出たらそこで買い増しすることもできます。長期でじっくり構えて投資できるというメリットがあるわけです。

この時に大事なのが、前節でも触れた「シナリオ」です。シナリオというのは世界言語で、映画のシナリオという言い方もありますが、ここで言うシナリオは「未来図」という意味です。投資なら、投資の未来図ですね。言ってみれば、投資をする際の理屈付けです。

世界はこうなっている、その中で日本はこうなっている、日本の中ではこのセクターがいい、従ってこの企業の株を買う——という理屈がつくと安心できるわけです。全体の中の自分の居場所が分かるのです。これがフラフラしていると、軸足を決めないでゴルフをやっているようなもので、いくら腕に力を込めようと、フルスイングしようと、ナイスショットにはなりません。

ただ、このトップダウンのやり方は一つ問題点があります。投資シナリオを根本的に修正しなければならない事件が起きた時に、どう修正するかという問題です。シナリオが壊れた時には投資方針を変えないといけないのですが、シナリオにこだわっていると、損失を広げるだけになることがあります。

シナリオの変更を見抜く力

そこで大事になるのが、シナリオの変更を見抜く力です。

例えば、一九八九年に株価が三万九〇〇〇円になるまでの間、戦後の株価が「右肩上がり」というシナリオが有効でした。株価の一〇年間の移動平均を見ると、八九年まで上がり続けていたわけです。ですから多少株価が一時的に下がっても一〇年間持っていれば、まず損はしないということになっていました。

ところが九〇年近辺から日本型資本主義そのものが壊れ、日本の成功シナリオが根底から崩れてしまったのです。土地神話も崩れて地価も急落、金融機関も一〇以上あった都市銀行が三つか四つのグループに集約されてしまいました。完全に天下の絵が変わってしまったのです。

頑丈で長持ちする製品さえつくっておけば世界の消費者が買ってくれるというシナリオも、基本的には円高が進むというシナリオも、一生懸命働いていればそのうち土地が上がって含み益が出るというシナリオも、住宅ローンで借金しても物価も土地の含み益が上がるからペイできるというシナリオも、全部壊れてしまいました。「失われた一〇年」の間に、それまでの日本の伝説、神話、信仰が全部崩れてしまったのです。

そして、今また新しいシナリオが始まっています。それは二〇〇二年くらいから始まり、二〇〇三年頃から加速化している新しい流れです。世界はどうなっているのか。隣の中国はどうなっているのか、日本にもう高度成長が来ないとすればどうなるのか。新たな視点でトップダウンのシナリオを考えなければいけません。

第二部では、その新しいシナリオについて私の考えを詳しくお話ししたいと思います。

シナリオは変更すべき時がある

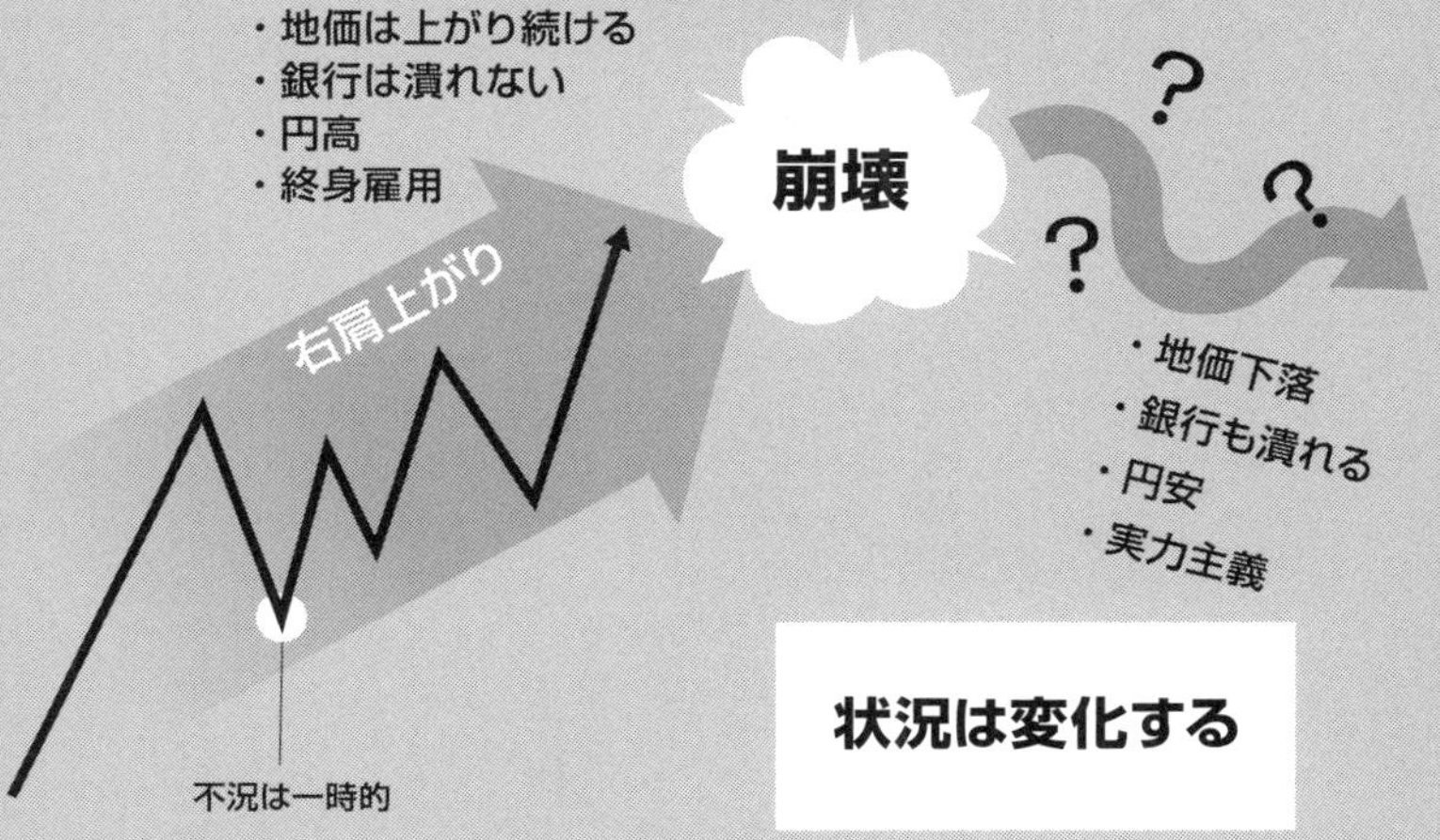

第二部

日本経済　最後の黄金時代

――私がなぜ、日本経済がこれから最後の黄金時代を迎えると主張するのか。
その根拠をお話ししましょう。

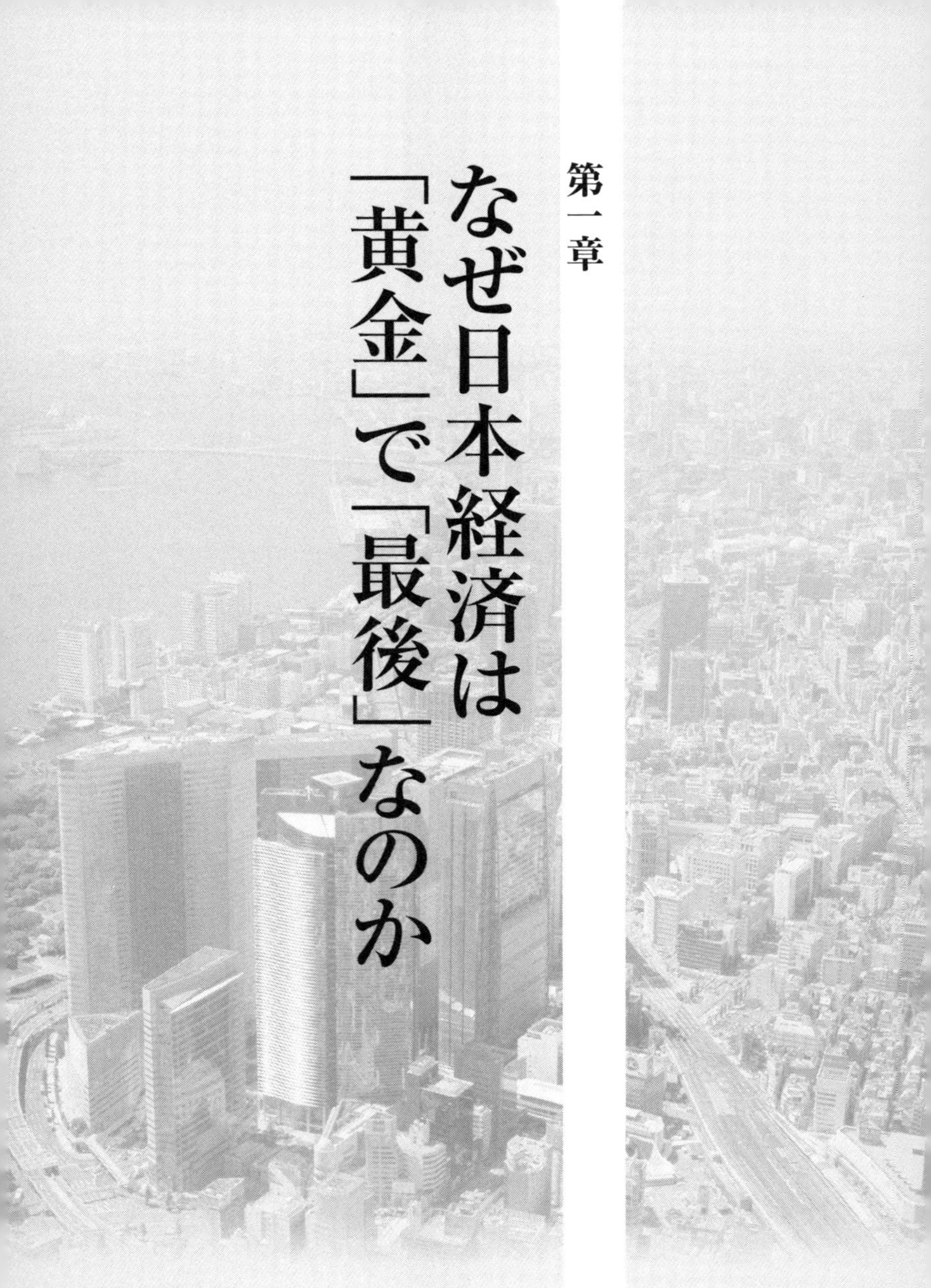

第一章

なぜ日本経済は「黄金」で「最後」なのか

二〇〇八年～二〇一二年、日本は黄金時代を迎える

今回の景気については、様々なネーミングで呼ばれています。例えば三菱ＵＦＪリサーチ&コンサルティングの有名なエコノミストは「新世紀景気」という言い方をしています。ドイチェ証券の武者陵司さんは『新帝国主義論』という本を出しています。日下公人さんも日本がよくなることをいろんな形で言っています。いずれにしても、何か新しい時代が始まっていることは確かなようです。

私がこの本の題名に使った「最後の黄金時代」というのは、エコノミストの塚崎公義さんの命名です。ご本人の了承を頂いて使います。

「黄金時代」という言い方自体は他の人も使っています。歴史というものは、素晴らしい「黄金の時代」から「青銅の時代」そして「鉄の時代」へと退化していくと言われることもあります。

その言い方に倣《なら》えば、現在はその最も素晴らしい「黄金時代」に入ったというのが私の考えです。ここ最近の日本経済は、インフレにならず、暮らしも快適で、生活の程度を切り下げていかざるを得ない状況にもならない。経済全体も、政府の借金も、いずれ

クラッシュするというような心配もとりあえずありません。明らかに最悪の時期は過ぎました。

「最後の」というところが引っかかるという向きもありましょう。塚崎さんもそうですが、私も二〇年先ぐらいの長期では衰退は避けられないと考えているのです。人口の減少や老齢化、少子化を日本は何とか補って発展できるかもしれません。しかし中国やインド、ロシアといった周辺諸国はほぼ確実に日本以上の発展を遂げます。日本経済の相対的な地位は低下し、存在感は薄れます。

だから「最後」。しかしここは「黄金時代」がなぜ始まるか、の検討を始めます。その場合、新興国の発展が最大の注目点でしょう。

世界経済を見ても、かつてはアメリカが一国でアトラスのように天を支えていましたが、最近では中国に代表されるような新興の途上国が出現しました。ロシア、ブラジル、インドという人口が多くて国土も広いという国々が一斉に近代化を始めたのです。

いわゆるＢＲＩＣｓの国々が近代化を進行させていく過程で、日本製品はものすごく珍重されるようになりました。すると日本の輸出は増えることになります。日本のＧＤ

Ｐの約二割は輸出ですが、これは空前の記録です。昔は一割いくかいかないかのレベルでした。二〇〇一年から二〇〇七年の間で二割にまで増えたのです。

この変化になぜ誰も気づかないのでしょうか。それは輸出に関連した企業に勤める従業員数が日本全体のわずか五％に過ぎないからです。輸出産業の下請けや二次下請けまで入れても一割ちょっとにしかならないでしょう。つまり九割の会社は好調な輸出の蚊帳の外にいるわけです。

ただし、一番上流のダムに水が十分たまって、水門を開けば水が少しずつ降りてくるように、景気もじわじわとよくなっています。二〇〇七年ではこんな状況ですが、いずれその水は下流の方まで広がって、みんなが「よくなったなあ」と感じる時期がやってくるでしょう。それはそんなに遠い未来ではなく、来年の二〇〇八年から二〇一二年にかけて、五年くらいで変化していくはずです。その時になれば、誰もが「いい時代になったなあ」と分かるようになるでしょう。自民党の中川秀直元幹事長の言い方では「上げ潮の時代」ということになります。私もそう思います。

五％の輸入に携わる人は相当景気がいいはずですが、二〇人に一人という状況では、「俺は儲かっている」とは言わないものです。日本の風土でそんなことを言えば、やっかみを受けるし、ホリエモンや村上ファンドのような扱いを受けてしまいます。典型的な島国根性と言いますか、村社会のいやらしさがあって、中々言えないのですが、現実には相当よくなっています。

工業団地が全国で売り切れ状態!?

具体的によくなっている例を挙げていきましょう。

現在、設備投資が輸出に続いて景気を引っ張っている要因ですが、新工場をつくるという場合が主流です。もちろん旧工場の設備を入れ替えるという形での設備投資も進行しています。しかし、何と言っても多いのは新しい工場の建設です。当初は人件費が安いということで、中国やベトナムにつくるケースが多かったのですが、最近は技術が流出するのが怖いということで、技術の一番核心の部分だけは国内でつくって、それを軸に組み立てて一つの製品に完成させるのは、中国やインドを使おうということになりました。

それで国内にも工場が建設されるようになったのですが、実は国内の工場用地はほとんど足りなくなってしまっています。八〇年代後半に各県で工業団地というのをつくっ

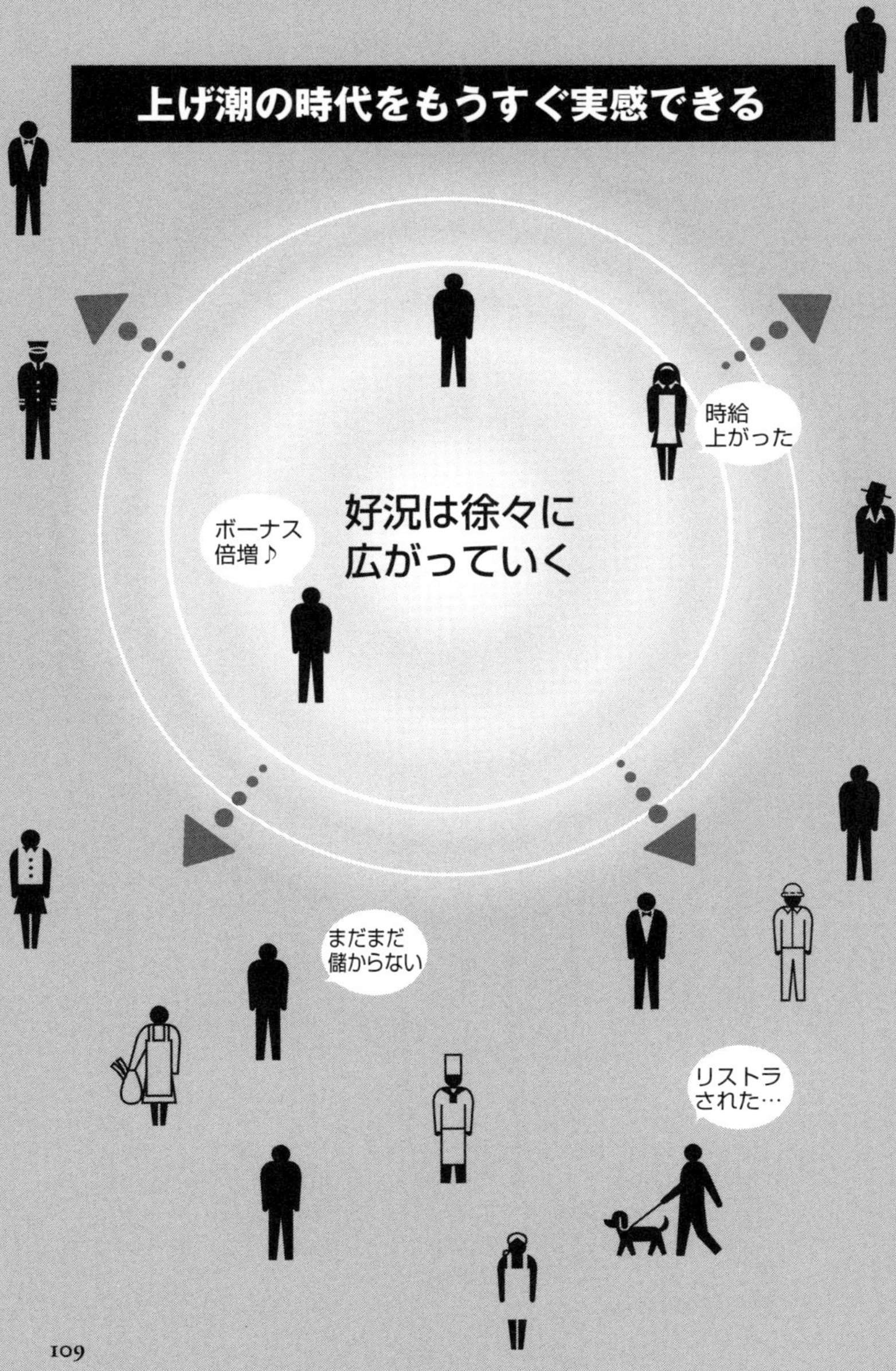
上げ潮の時代をもうすぐ実感できる
時給
上がった
ボーナス
倍増♪
好況は徐々に
広がっていく
まだまだ
儲からない
リストラ
された…

たことがあります。どの県でも二つや三つはあって、これが全然売れなくてペンペン草が生えているような状態でした。仕方がないので流通関係の会社を呼んだりしたのですが、流通というのはうまくいっていればいいのですが、悪くなるとすぐに撤退してしまいます。その上、大手の流通が来ることで市内の昔の老舗が潰れてしまうようなことも起きて、かえって混乱しました。そんなことで工業団地というのは、どこでも疫病神のような扱いを受けていたのです。

ところが三、四年くらい前から、この工業団地が羽根が生えたように売れ出しました。今ではほとんどの県で工業用の団地の在庫はなくなっています。場所によっては、もう一つつくろうという話も出ています。清水建設などは昔から工場建設に実績があることもあって、受注が相次いでいます。今では、どうやって受注残を処理するかという嬉しい悲鳴を上げています。つくる側からすれば、完成するまでに長い間待たなくてはいけない状態です。そんなふうに変わってきているのです。

失業率も四%を切りました。工場を新しくつくれば人も集まってくるわけですから。じわじわと影響が出てきているわけです。

例えば、三重県の亀山市は、北川正恭前知事がいろんな助成金を出して液晶の町にしようと〝創業〟したわけです。それでシャープの亀山工場などはブランドになってしまいました。後は凸版印刷や東芝などが液晶がらみの仕事をやっていて、三重県の北部は南部と比べ物にならないくらい忙しくなりました。

私は毎年講演会で三重県の北部に行くので、その変化がよく分かります。昔は正直言いまして、義理にも誉《ほ》められないような寂しい町で、ビジネスホテルもなく、食事に行こうにも何もないというような場所でした。今ではビジネスホテルは三軒もできましたし、ある焼き鳥屋などは非常に繁盛して、立派な店に建て替えたそうです。

黄金時代は始まったばかり。まだ第一楽章で、第二、第三、第四と続く

造船も活況です。造船は昔ながらの産業で、造船城下町のようなところがたくさんありました。ですから造船業がダメになると町ごとダメになるという町が、中国から四国、九州にかけて山ほどあったのです。

そういう町も今では随分よくなって、現在受注しているトン数は、昭和四〇年代のピークを上回っています。すると人手が足りなくなって、ロボットを導入しても間に合わず、

ねじ工をもう一回雇ったり、肩叩きで辞めてもらった人にもう一度働いてもらったりしています。やることがなくて朝から晩まで釣りやパチンコをしていたお父さんが、「若い者には負けんぞ」と朝からジョギングしてから会社に行くということになってしまいました。もう町が変わってしまったのです。

これでまだ「なりかけ」ですから、これからもっと明るい状況になっていくでしょう。黄金時代はこれからです。始まったばかりと言えます。シンフォニーで言えば、まだ第一楽章。これから第二楽章、第三楽章、第四楽章と続いていきます。うっかりいくと、マーラーの交響曲みたいに第五楽章まであるかもしれません。

BRICsなどの成長で世界経済の成長は続く

では、なぜこれからまだ好況が続くのか、その理由を具体的な数字で説明してみましょう。

一つは中国、インド、ロシア、ブラジルなど、人口の多い途上国がよくなってきていることです。それもごく最近、二一世紀に入ってからのことです。

例えばＩＭＦ（国際通貨基金）が発表している世界の成長率を見てみましょう。去年のカレンダーイヤー二〇〇六年の世界経済は五・四％の成長でした（115ページ）。実はこの数字は世界記録です。二〇〇四年に五・三％という数字はありましたが、五％台というのは、そんな簡単に出ない数字です。二〇世紀末の三〇年は三・五％成長ですから、歴史的好況と言えます。

二〇〇四年の時は、アメリカが高度成長をして世界の経済を引っ張りました。ところが去年は五・四％のうち、アメリカが寄与したのは〇・六％です。一方、中国は一・七％という大きな成長率で、インドが〇・六％ですから、この両国を合わせると世界の成長分の半分近くになります。

五・四％という世界記録の数字は、実は当初四・七％と予想されていました。しかし二〇〇六年のうちに三回も四回も上方修正し、結果的に五・四％になったものです。二〇〇七年の予想は四・九％でしたが、これも上方修正されて五・二％に乗りました。

なおアメリカの成長率は少し減速して二・〇％と予想されていますが、あまり影響はないでしょう。元々アメリカの寄与率は〇・六％とインド並みなので、仮にアメリカがこけたとしても、世界の成長は鈍らないと言えます。

なぜこのような形になってしまったのでしょうか。

今アメリカの経常収支は大きな赤字になっていて、ドルが世界中にばら撒かれているわけですが、ドルがばら撒かれると、ドル自体は投資資金として世界を駆け回ることになります。例えば、中国に工場をつくろうという形で使われるわけです。中国では人件費が非常に安くて、先進国の五%、だいたい二〇分の一です。中国からすれば、先進国から部品を持ってきて加工すれば、それを先進国に輸出できることになります。すると中国の貿易黒字はどんどん増えてきます。現に去年の中国の対米貿易収支の黒字は二六〇〇億ドルという空前の数字になりました。

しかし、よく考えてみますと、中国は全部自分でつくっているわけではないんですね。部品は日本製のものを使っていて、それを加工してアメリカや日本に持っていくわけです。日中の貿易額は輸出入で合わせると一一兆円規模になるのですが、日本から見れば自分がつくった部品を向こうの安い労働力を使って完成品にして日本にもう一度持ってくるか、アメリカに輸出する形になります。ですから中国の成長は日本にとってもメリットになります。

世界は途上国（含 BRICs、VISTA）で成長

IMFの世界経済見通し

新記録 !!

	2001	2002	2003	2004	2005	2006	2007
世界	**2.3**	**3.0**	**3.9**	**5.3**	**4.9**	**5.4**	**5.2**
米国	0.3	2.2	3.0	4.2	3.2	3.3	1.9
欧州	1.4	0.9	0.5	2.1	1.4	2.6	2.3
日本	0.4	-0.3	1.4	2.3	1.9	2.2	2.3
中国	7.3	8.0	9.3	10.1	10.4	10.7	11.2
新興国	3.9	4.6	6.4	7.6	7.5	7.9	7.9

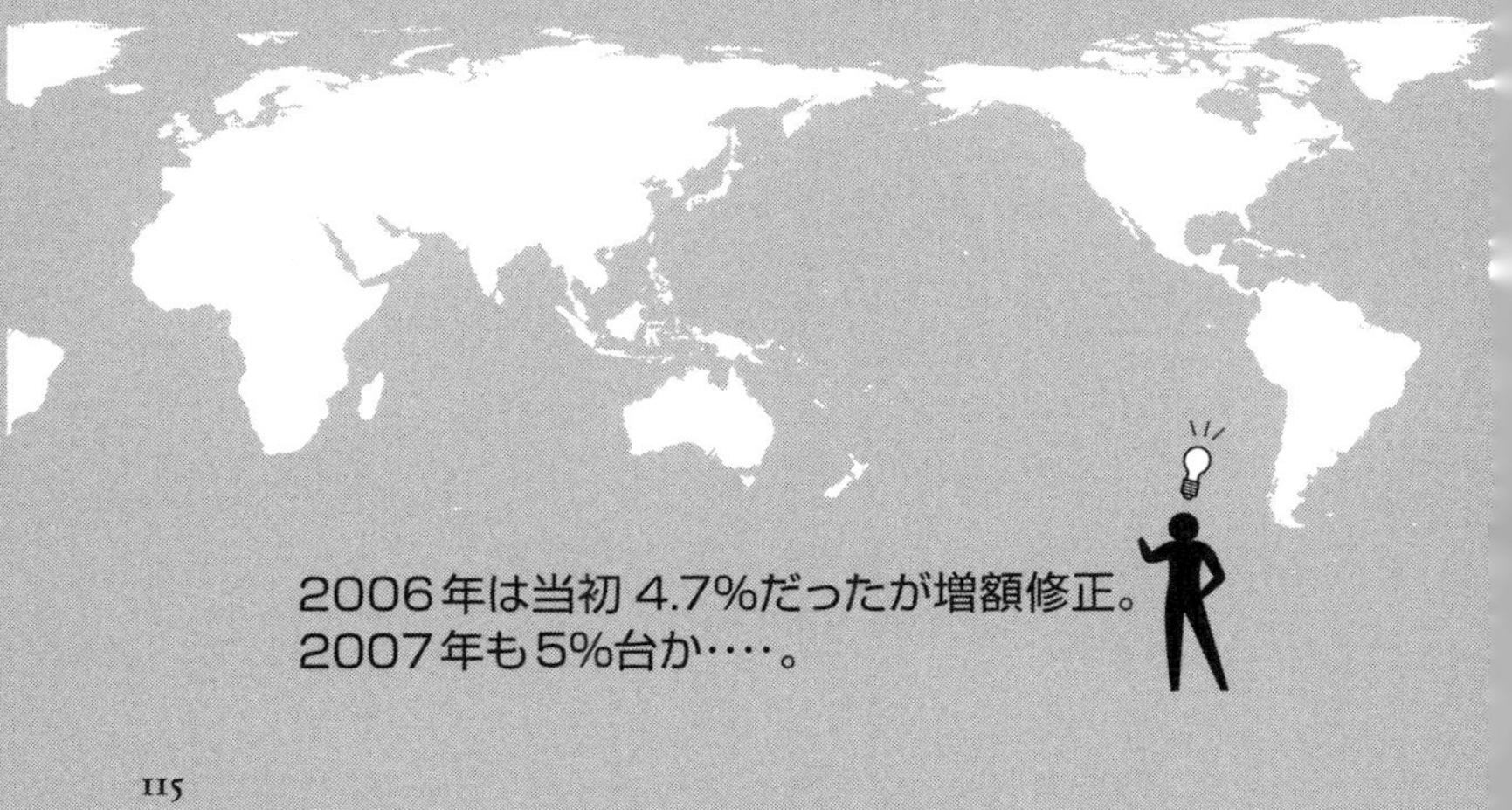

2006年は当初 4.7%だったが増額修正。
2007年も5%台か‥‥。

すると、中国のコストというのは、実はほとんど人件費だけだったりするわけです。自分で部品をつくっているわけでもなく、原料を出しているわけでもありません。輸入してつくっているだけです。ただ人件費が二〇分の一なので、注文はどんどん来ます。二〇分の一と言っても、中国にとっては大変な収入です。一三億人の人口がいますが、そのうち上海を中心とした三億人が住む沿岸部はヨーロッパ並みの生活水準になりました。一方、内陸部の一〇億人は数字で見るとアフリカ並みの生活水準になってしまっています。

ただ、いいところが三億人だけと言っても、日本の倍以上ですから十分大きな市場です。すると、単に部品を加工するだけでなく、売り込むための市場にもなります。この三億人がどんどん豊かになれば、途方もない経済の推進力になります。それをロストウという経済学者は「離陸」と呼びました。ちょうど飛行機が滑走路から飛び立って大空に上がるという意味ですね。

その結果、中国の成長率は一〇%台です。二〇〇一年の段階では七%台でしたから、ものすごい成長率です。日本が昭和三〇年代の高度成長の時でも平均で七・五%ですから、いかに勢いがあるかお分かりになると思います。

注目点

1　2006年の5.4%（当初予想は4.9%）は30年間なかった高成長率

2　中国を含めた新興国はGDPで米国を抜いた。世界の成長率の半分は新興国の寄与、中国のみで1.7%、インド0.6%

3　米国の寄与は0.6%、ユーロ圏0.4%でインドにも及ばない。日本の寄与は0.2%未満

⇒　米国がこけても、心配いらない！

しかも、製品をアメリカに輸出することで、アメリカからドルを猛烈な勢いで稼いでいます。日本の三〇年代の時は、まだドルがなくて、景気が過熱すると外貨の準備残が底をついてしまって、金融の引き締めをしなければなりませんでした。当時の外貨準備高は一八億ドルとか二〇億ドルとかいう規模です（現在は九〇〇〇億ドル規模）。たったそれだけのことで金融引き締めをしなければならないくらい、日本の経済規模は小さかったのです。それに比べれば、現在の中国は外貨不足の心配はほとんどありません。

労働賃金も最近二桁ペースで上がっていますが、これから何段階か上がって仮に倍になっても先進国の一〇分の一ですから、中国の有利性は当分続くでしょう。つまり、人口の多い途上国の近代化は、一度火がつくと止まらないのです。

家電の商品を例に普及率が一〇％を超えるとグラフが立ち始め、三〇％を超えるとみんなが買い出すという話をしましたが、今、インドではカラーテレビがそういう状況になっています。今後、中国、インド、ブラジル、ロシアと近代化が始まると、かなり長期にわたる好況がやってくることが予想されるわけです。まさに「黄金時代」の到来です。

成熟した国の落ち着いた繁栄――大正デモクラシーの時代に似た黄金時代が来る

この「黄金時代」の意味ですが、生活がしやすくて、後から振り返ると「あんないい時代はなかったなあ」と思い出されるような時代です。

しかもバブルの時代のように舞い上がってしまうようなところもなく、格差社会と言われても外国や過去の時代に比べればそれほど落ちこぼれも出ない時代です。失業者もさほど多くなく、社会不安もそれほどでもありません。

もちろん日本でも信じられないような悲惨な事件が起きたりしますが、アメリカなどに比べれば病んでいる部分は少ないと言えるでしょう。銃撃事件も起きていますが、やはりアメリカと規模が違います。

黄金時代は、経済だけでなく、社会や世相も含めて、成熟した国の良い時代をエンジョイできる、そんな時代になるのではないかと感じています。もちろん、みんながハッピーというテレビドラマのような世界ではないでしょうが、トータルで見た場合、あるいは後の世から考えてみると、「ああ、よかったなあ」という感じになるでしょう。

大正デモクラシーという時代があって、当時は当時で大変な時代でしたが、そうは言っても非常に自由で、第一次世界大戦の戦後景気で庶民も豊かになり、今思えば「よかったなあ」と言われる時代でした。今回の黄金時代は、そんな大正デモクラシーの時代に似たものになるような気がします。

なぜ黄金時代は今回で最後なのか

さて、もう一つ皆さんが気になるのは、「なぜ、最後なのか」ということでしょう。

今回の好景気は、一つにはＢＲＩＣｓを中心とした途上国の近代化によって、鉄鋼、造船、化学など日本の重厚長大産業が復活してＧＤＰを押し上げるという基本的なプラスがあります。

もう一つは、自動車で言えばハイブリッドカー、テレビで言えば薄型テレビという最新の商品が、世界でリーダーシップを握っています。古い産業も新しい産業も両方いいわけです。

さらに、もう一つ景気を支えているのが土地です。

土地の値段はご存知のように、二〇〇六年から全国ベースでプラスに転じ、東京都の中でも港区や渋谷区、世田谷区、千代田区などは物件によっては四〇％も五〇％も上がるというすごい上昇率を記録しています。

土地が上がるとどうなるかと言いますと、銀行の貸し出し余力がどんどん高まります。

重厚長大産業すべて好況

2006年度の国内生産高

品目		国内生産高	前年度比伸び率	過去との比較
工作機械	最高	1兆4745億円（受注額）	6.8%	1990年度の1兆3968億円以来
建設機械	最高	2兆3006億円（出荷額）	19.8%	1990年度の2兆2036億円以来
船舶	最高	1810万総トン（新造船建造量、06年）	10.2%（05年比）	1975年の1699万総トン以来
粗鋼	2位	1億1775万トン	4.5%	1973年度に次ぐ
エチレン	2位	766万トン	1.4%	1999年度に次ぐ

担保の価値が出てくるわけですから。これから多少の景気の調整はあっても、それは踊り場とか中休みということで、結果的にはまだまだ上昇が続くでしょう。

これはオイルショック以降、八〇年代から九〇年代初めに経験しています。七三年のオイルショック以前もそうで、五〇年代、六〇年代もやはり土地は上がっています。その間、景気、不景気の波はありましたが、大不況にはなりませんでした。

今回は、二〇一一年、一二年、一三年くらいがピークで、第二次ベビーブーマーの需要をバックに、土地の上昇は続くはずです。これはグラフで明確に説明できます。

三七歳から四〇歳までの年齢層を住宅取得人口というのですが、この世代の比重が上がってくると、土地の値段が上がるという経験則があります。これは大和総研が研究して明らかにしたものです。この年齢層は家を買う時期であるだけでなく、他にもいろいろと大きな買い物をする時期に当たります。車も買うし別荘も買うかもしれません。家を買えばその中の家電やら家具も買うかもしれません。従って、この世代の人口が増えますと、消費が盛んになって景気が上向くというわけです。

実はアメリカにも似たような研究があります。アメリカの場合は五〇歳から五五歳の

景気が長持ちする理由の一つは「地価」

住宅取得人口と地価

土地価格の天井は2011～2013年、それまで大崩れはない

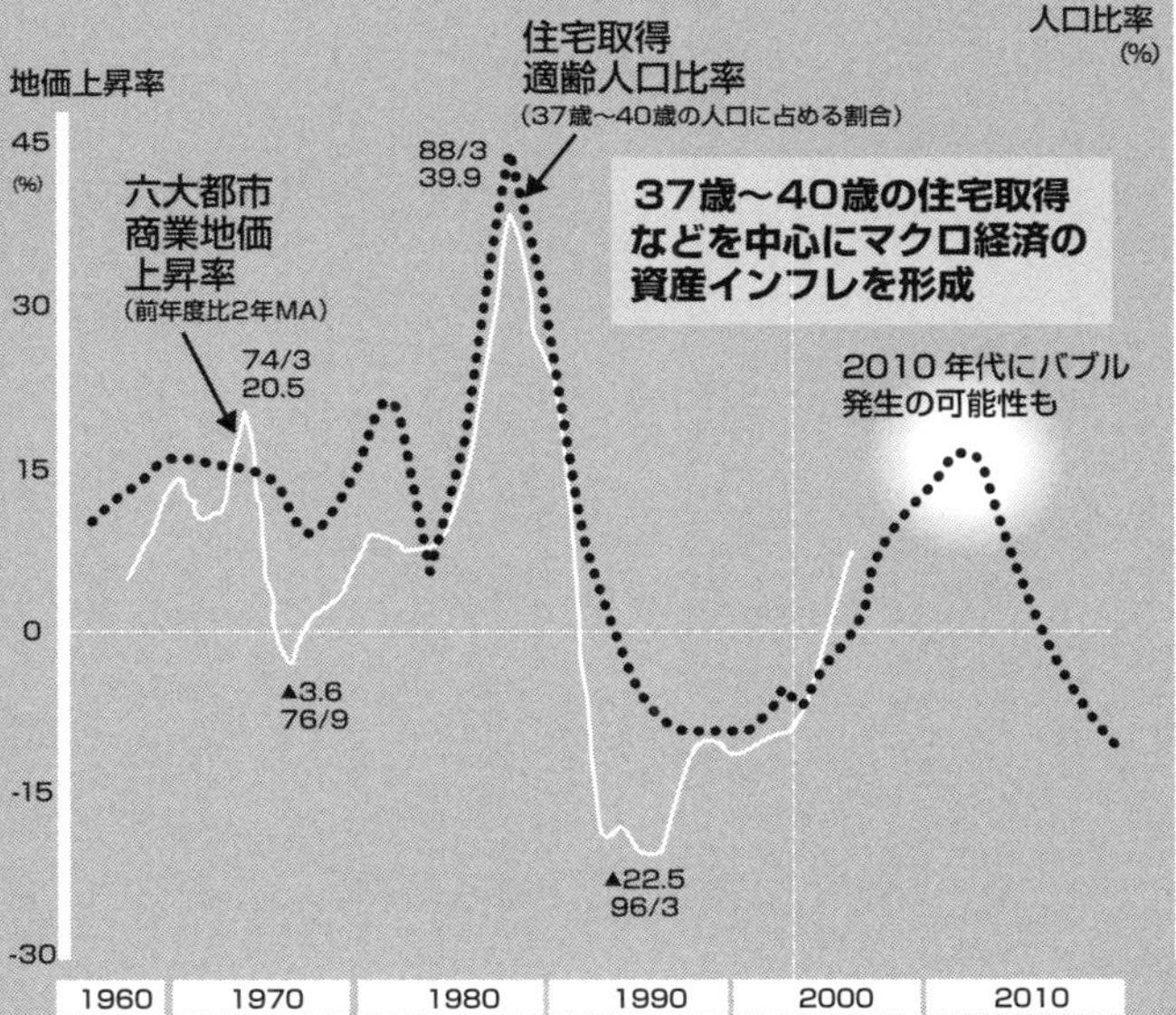

★注目点「最近の都内一流地」(港区、渋谷区など) 40～50%上昇

出所：DIR

年齢層の人口が増えてくると、景気が上昇するという経験則です。その時には土地の値段も上がり、住宅の値段も上がり、景気が一進一退しても、そう悪くはならないという研究です。大和総研はそれを応用して、日本でも同様のパターンがあることを発見したわけです。

大和総研はかなり早い段階、まだ土地の値段が下がっていて、株価も低かった頃に、「二〇〇六年には時代が変わって地価は上昇に転ずる」ということを予測していました。というのも、前ページのグラフを見れば分かりますが、八〇年代後半に人口の多い団塊の世代が住宅取得人口の年齢になったために、土地がかなり上がりました。そして団塊の世代が住宅取得人口の年齢を過ぎると、急速に土地の値段が下がりました。

すると、第二次ベビーブーマーの人口の多い世代が住宅取得人口の年齢層に入っていけば、土地が上がることが予測できます。それがピークになるのが二〇一一年、一二年、一三年くらいなので、少なくともその時までは土地が上がり続けるというわけです。

この話を私はもう五年以上続けているのですが、多くの人に「そんなことはないだろう」と言われました。現実になるまで信じてもらえないのです。しかし、最近になって実際に土地が上がり始めて、ようやく耳を傾けていただけるようになりました。

ところが、その時代を過ぎると少子化の影響で人口は少なくなります。すると九〇年代初頭と同様、土地が下がることになります。二〇一〇年代後半から二〇二〇年代になる頃には、途上国がどんどんキャッチアップしてきて、無視できなくなるでしょう。従って、二〇一二年前後が黄金時代のピークとなり、それを「最後」に日本の勢いは減速していくことになります。

今、産業界の技術の最先端にいるような現場の方に話を伺ってみますと、「あと一五年は大丈夫です」「一〇年はいけます」と、みなさん自信を持って言われます。しかし、私はイギリスのグラスゴーの造船所の例を見ますと、その時絶対に大丈夫だと思うものでも、永遠には繁栄できず、どこかで移ろいゆくものだと思うのです。

正直に言えば、二〇二〇年頃になって、日本の技術が、なお世界の最先端でいられるかどうかは「分からない」としか言えません。経済の予測をする立場の人間としては、「分からない」のであれば、「ない」として考える方が良心的な態度だと思います。実際、確率としては、日本の強みは失われている可能性は高いし、あるいは相当減っている可能性は低くないと思います。もちろん、続いている可能性もありますが、現時点で確固とした根拠がない以上、「最後」としておくわけです。

経済繁栄がピークを過ぎても、文化大国として一流になる

ただ、誤解を招くといけないのですが、「最後」と言っても、日本経済がクラッシュするわけではありません。別に日本の国が最後を迎えて滅亡するということではないのです。

現在、様々な改革を政府が行なっていますが、その効果によって進展してきた成長は終わりを告げ、少子高齢化の影響が進展するでしょう。当面は日本の技術をさらに進歩させ、生産性の向上で人口減の悪影響に対応できるでしょうが、その効果もいずれ薄れていくでしょう。

その結果、日本は「穏やかな小国」になるのではないかと思います。

例えば、世界の歴史を見ますと、スペインやポルトガルはかつて世界で覇を唱えたことがあります。オランダもそうです。オランダは当時、世界最高のハイテク製品である帆船を開発して世界に覇を唱えました。江戸時代の日本がオランダとだけ交易したのも、

そのハイテク製品に注目したからです。しかし、オランダもその後没落して、覇権はイギリスに移り、さらに今はアメリカに移りました。

では、スペインやポルトガル、オランダにクラッシュがあったのでしょうか。オランダには多少ありました。一六二〇年にチューリップの投機でバブルがはじけたことがあります。その後、一七世紀後半にはヒヤシンスでもう一回あって、世界のトップから滑り落ちました。

イギリスも一七二〇年に南海泡沫事件というのがありましたが、覇権が失われたのは第一次大戦、第二次大戦を経てからです。

日本の場合、オランダのようなクラッシュはもう起きないと思いますし、覇権が失われたといっても、国がなくなるわけではありません。

ポルトガルなどは当時ため込んだ利益が相当な資産になっていて、今でも美しい町になって残っています。非常に住みやすい町だと言われています。イギリスも世界一の国ではなくなりましたが、田園地帯などは世界で一番素晴らしい場所だと思います。あんなに美しい田園風景は世界でもあまりありません。そういう土地で悠々と暮らしている人たちがいて、非常に豊かな感じがします。

大きくはないけど、幸せな国になっていくのです。私はそれでいいのではないかと思います。永遠に覇を唱えるのは無理です。別に覇権が失われたからと言って、みじめな暮らしになるわけではありません。

日本の場合、文化面で言ったら、逆にもっと発展する可能性があります。今も、日本文化が「クール」「かっこいい」と言われるようになってきました。日本の文化そのものが世界に出て大当たりしているのです。パリのオペラ座でやった歌舞伎などは、熱狂的な歓迎です。蜷川幸雄さんの演出したシェイクスピアのお芝居は、イギリスのエジンバラの演劇祭で評価が確立しています。ファッションでも、日本の着物でデザインをした洋服が欧州でブームになっています。

日本製の文化が世界的にクールと言われており、日本文化への尊敬がかつてないほど高まっています。昔は、メイド・イン・ジャパンの製品が品質が良いと言われても、一方でエコノミック・アニマルなどと言われて、「ものづくりはうまいけど、ただ働いているだけのサルだ」などと馬鹿にされていたわけですから。

郵便はがき

料金受取人払郵便

赤坂局承認

6467

差出有効期間
平成28年5月
5日まで
(切手不要)

1078790

112

東京都港区赤坂2丁目10−14
幸福の科学出版(株)
愛読者アンケート係 行

ご購読ありがとうございました。お手数ですが、今回ご購読いただいた書籍名をご記入ください。

書籍名

フリガナ お名前	男・女	歳
ご住所 〒 都道府県		
お電話( ) −		
e-mail アドレス		
ご職業 ①会社員 ②会社役員 ③経営者 ④公務員 ⑤教員・研究者 ⑥自営業 ⑦主婦 ⑧学生 ⑨パート・アルバイト ⑩他( )		

ご記入いただきました個人情報については、同意なく他の目的で使用することはございません。ご協力ありがとうございました。

愛読者プレゼント☆アンケート

ご購読ありがとうございました。今後の参考とさせていただきますので、下記の質問にお答えください。抽選で幸福の科学出版の書籍・雑誌をプレゼント致します。(発表は発送をもってかえさせていただきます)

1 本書をお読みになったご感想

(なお、ご感想を匿名にて広告等に掲載させていただくことがございます)

2 本書をお求めの理由は何ですか。

①書名にひかれて　②表紙デザインが気に入った　③内容に興味を持った

3 本書をどのようにお知りになりましたか。

①新聞広告を見て [新聞名：　]
②書店で見て　③人に勧められて　④月刊「ザ・リバティ」
⑤月刊「アー・ユー・ハッピー?」　⑥幸福の科学の小冊子
⑦ラジオ番組「天使のモーニングコール」　⑧幸福の科学出版のホームページ
⑨その他 (　)

4 本書をどちらで購入されましたか。

①書店　②インターネット (サイト名　)
③その他 (　)

5 今後、弊社発行のメールマガジンをお送りしてもよろしいですか。

はい (e-mailアドレス　)・いいえ

6 今後、読者モニターとして、お電話等でご意見をお伺いしてもよろしいですか。(謝礼として、図書カード等をお送り致します)

はい・いいえ

弊社より新刊情報、DMを送らせていただきます。新刊情報、DMを希望されない方は右記にチェックをお願いします。　□DMを希望しない

日本の文化 = クール

AFP=時事

そういう意味では、以前より誇りを持って生きられる時代になりつつあります。経済的な規模はそんなに大きくなくても、大発展ということはなくても、一流国に入っていくということになります。文化的には成熟していくでしょう。

要するに「最後」と言っても決して「悲観論」ではないのです。

日本経済を人間の一生にたとえてみると分かりやすいかもしれません。戦後新しく生まれたとして、昭和二〇年代、三〇年代は一〇代の伸び盛りの時代。しかし、まだ世間知らずで世界に対する目が開かれていない時代です。いわば「勢いだけ」というやつです。昭和四〇年代から六〇年代にかけては、二〇代から三〇代で体力もあって若さに任せて調子に乗ってしまった時代です。それでバブルになってしまいました。

平成の不況期は、四〇代で厄年もあるし、少し病気になって小さく縮こまっていた時代です。

そして今、日本は五〇代から六〇代を迎えようとしています。昔と違って今は五〇代でも体力がありますし、何と言っても知力があります。経験もあるから、昔のように調子に乗って失敗することもありません。

世界に対して責任を負う立場で優れたリーダーになれる時期です。

実際、公害や環境問題対策では、リーダー的な立場になりつつあります。日本の環境への取り組みは世界的に評価が高いのです。今後、環境技術を中心に世界のリーダーシップを取って世界中の尊敬を集める可能性は非常に高いと言えます。

133ページのグラフをご覧ください。日本の省エネの先進性は明らかです。素材からプラントまで、日本のエネルギー効率のよさは世界を圧しています。

勢いはなくなるが立派で幸せな国になる

その意味で、ここ数年の成長は大切な時期です。実力も伴って、日本という国が一つの完成を見て、世界のリーダーとなる時期です。

最後と言っても、プロスポーツ選手が現役を引退したからと言って人間として終わりになるわけでもないのと同様、引退してから立派になっていくこともあるわけです。年齢相応の輝き方、成熟の仕方があるのです。

日本史で見ても、テレビドラマだと源平の盛衰、信長、秀吉、家康の戦国時代、それから幕末維新の時代がよく取り上げられます。必ず大河ドラマになりますし、それも繰り返しやります。それだけ華のある時代ですが、天下が統一したからと言って、時代が下り坂になるわけではありません。
江戸時代などは、鎖国していたから世界の発展から取り残されたような言い方をすることもありますが、三〇〇年も平和が続いて、その間途方もない高い文化を維持していました。当時の江戸は、世界最大の都市です。その時に生み出したり、完成したり、普及した歌舞伎や浮世絵、お茶の文化は、まさに日本の文化そのもので、今でも世界に広がっているわけです。生活もそんなに悪くありませんでした。ドラマのない時代だからと言って、つまらなくなるわけではないのです。結構、充実した幸せな暮らしになっていくのです。

若い人の中には、「そんなドラマのない時代は嫌だ」という人がいるかもしれません。そういう人は海外に行って勉強する道が開かれています。私が昭和四〇年代にアメリカに行った頃は、まだ多くの人は貧しくて誰もが行ける時代ではありませんでした。今は誰もがアメリカに行けます。平坦な時代がつまらなければ、勢いのある国は世界を探せばいくらでもあるでしょうから、そういう国に行けばよいでしょう。

GDP当たりの一次エネルギー消費量の比較

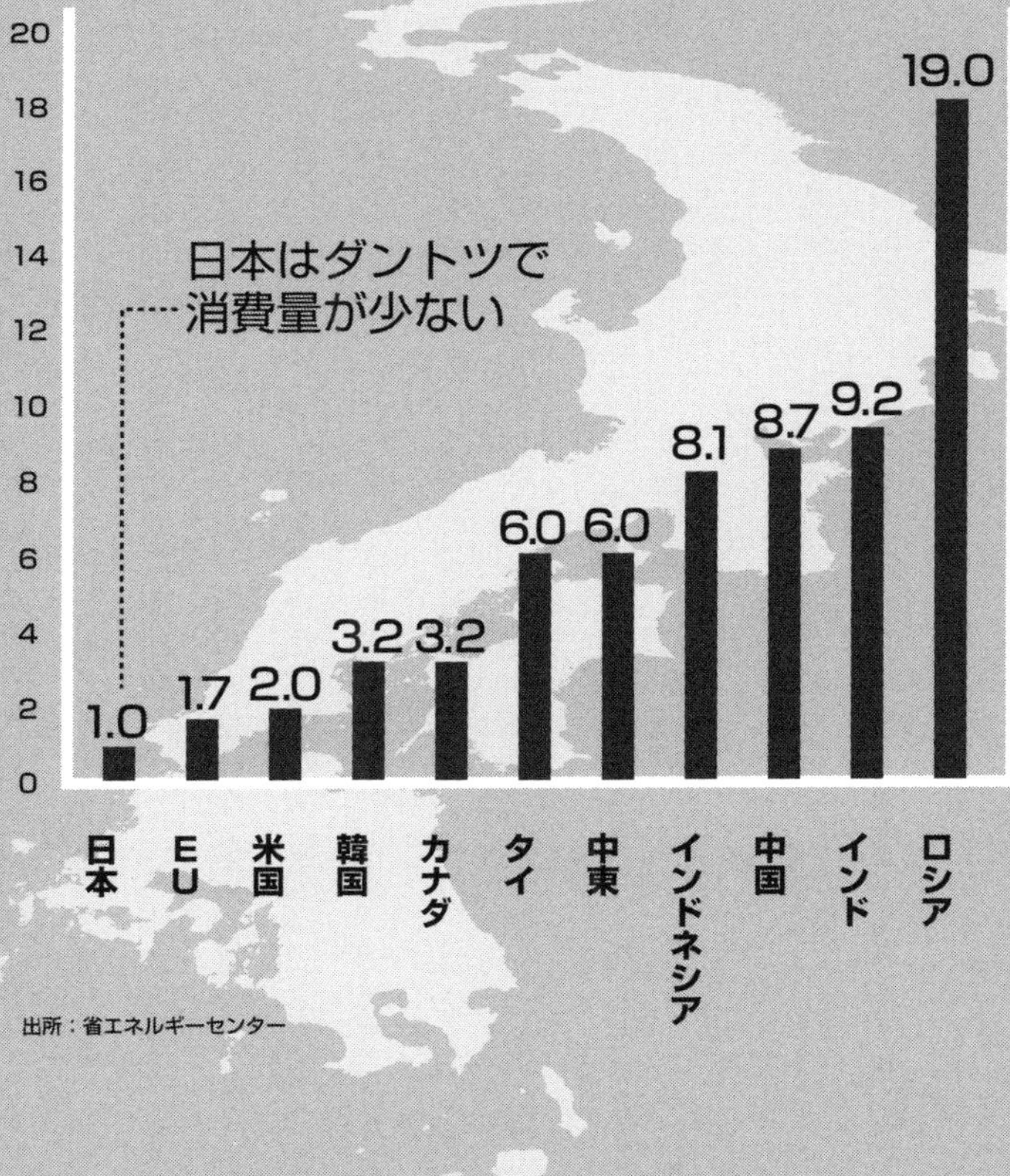

出所：省エネルギーセンター

あるいは語学を何か一つ勉強すれば、国連など国際的な貢献のできる機関がたくさんありますから、恵まれない途上国の人たちのために働くこともできます。そういう活動に生きることも、人生を非常に充実させるはずです。現にそういう人が増えています。

決して刺激のない平坦な世界ではないのです。選択の自由があるわけですから、それぞれが自分の道に合った人生を送れるはずです。かつての「いい大学に入って、いい会社に入って、終身雇用で定年まで働いて」という単線型の社会より、よっぽど気楽で自由でよいのではないでしょうか。

ますます好きな道を選べる時代に向かうでしょうから、素晴らしい世の中になっていくのではないかと思います。

以上が、これから日本が歩んでいく大きなシナリオの概略です。

第二章

グローバル体制をよく考えよう

グローバリズムとはアメリカの世界支配体制のことだ

この章では、日本の未来を考える上で、国際情勢を踏まえて、もう少し詳しく解説してみましょう。

「グローバリズム」という言葉がありますが、これを私流に翻訳すれば、「アメリカ帝国主義」となります。全世界をアメリカが押さえ込んでしまった――と私は考えています。ソ連がなくなり、中国もいつの間にか事実上社会主義を放棄し、イデオロギーの面でアメリカに対抗するところがなくなってしまいました。

軍事的に見ても、アメリカに対抗して戦争しようという国は一つもありません。せいぜいゲリラで戦うか、テロ行為を行なうかという程度でしょう。

グローバル体制と言いますのは、アメリカが世界を押さえ、地球を全部自分のものにしてしまった体制です。しかし、そんなことを言うと頭に来る人がいます。絶対にそんなことを認めたくないと。そこでアメリカ人の頭の良い人が、「グローバリズム」という言葉を考え出したのでしょう。

ただし、グローバリズムとは、どのような言い方をしようと、アメリカそのものです。資本主義であり、市場重視主義であり、自由貿易を大切にし、情報を重視する。これはアメリカの政治のあり方そのもので、それが今世界中に広がっているのです。

グローバル体制には二つ大きな軸があります。

一つは軍事面です。アメリカに対抗する国は地球上に一つもありません。どこの国もアメリカに対抗できず、すべてを押さえ込んでいます。

第二は、米ドルが基軸通貨として世界を支配しているということです。この二つが肝心です。

特に米ドルは、世界を支配してはいますが、ニクソンショック以前のように金との兌《だ》換《かん》、金とドルを交換するということをやっていません。言ってみれば、ドルは紙だけの存在です。なのに世界中に通用しているわけですから、基軸通貨の歴史から見て世界的に例がありません。

堺屋太一さんによれば、強いて言えば、チンギス・ハンの孫であるフビライの時代の元が、紙幣を通用させたことがあるそうです。八〇年くらい通用したそうですが、それに続いて米ドルが世界史上二度目ということになります。

他はイギリスのポンドにしても、すべて金との兌換を前提として紙幣が国際通貨として通用していました。

しかも米ドルは元と違って、世界中に通用しているわけです。もちろん元も大変な国で中国、インド、中近東、ロシア、東ヨーロッパ、ドイツまで進出して、アジアでは日本だけが征服されなかったという大変な世界帝国です。しかし、現在のアメリカは、中南米からアフリカまで、まさに世界中で基軸通貨として使われているわけですから、比べ物になりません。

基軸通貨と言いますのは、学問的に二つの意味があります。

一つは、世界中で通用する通貨であるということです。

もう一つは、物事を測る物差しであるということです。

例えば、金であれば一オンスは三二・四グラムですが、一オンス当たり何ドルか、小麦でしたら一ブッシェル当たり何ドルか、原油なら一バレル当たり何ドルか、といった具合に全部ドルで価値を測るわけです。

もちろん国際的に使われている通貨には、ユーロや円もあります。

世界で輸出入する際に手形を割り引いて銀行同士で最終決済する場があるのですが、

それをＢＡマーケットと言います。ＢＡとはバンカーズ・アクセプタンスの略です。このＢＡマーケットは主にニューヨークとロンドンで行なわれているのですが、取引の九〇数％はドルで行なわれます。ドルの強さは圧倒的でユーロと円ではほとんど対抗できていません。

もちろんユーロはあれだけ広い地域ですから、多くの人口があって使われていますが、ユーロ域内の国同士の輸出や輸入に使われているのが中心です。日本との付き合いで使うかというと、使う場合もあるでしょうが、円も使われるわけです。言ってみれば、ユーロも円もローカルカレンシー（地域通貨）同士の付き合いであり、基軸通貨としての付き合いになっていないのです。

グローバリズムで先進国はさらに発展する――チープレイバーギフト

また、二一世紀になってＩＴ革命が本格化して、どこでもパソコンを使ってメールで情報をやり取りするようになりました。ＩＴを使って世界中から物を買うことが当たり前になったのです。すると世界は広いと思っていたのが、思いのほか小さくなって、グローバルという球体ではなくて、フラットという平らな世界になってしまいました。

このフラット化した社会、グローバル化した社会で、ＩＴを使って世界中から買える商品の中で、国ごとの値段の差が極めて大きいために、世界の成長の原動力になっているものがあります。

それが労働力です（商品と言うと少し違うかもしれませんが）。日本の労働力のコストに比べると、中国の労働力のコストは二〇分の一です。随分上がったと言われる上海や天津と比べてもそれだけの差があります。アメリカのＩＴ企業の労働力と、インドのＩＴ企業の労働力を比べると、やはり二〇分の一です。ＩＴ革命とグローバリズムの時代では、絶対的に安い労働力を使って、世界は成長を成し得ているのです。

では中国やインドは安い賃金でこき使われて悲惨かと言えばそうではなく、仕事が世界中から集まって輸出ができますから、外資がどんどん入ってきます。安い労働力を狙って外国が次々と中国やインドに工場を建てるわけです。

ＩＴ革命とグローバリズムが一体となって、中国やインドの経済を「離陸」させているわけです。中国もインドも少し前まで発展途上国です。それが近代化しているわけですが、日本の何倍も人口が多くて土地も広いため、近代化の規模もそれだけ大きくなります。

しかも中国やインドだけでなく、二一世紀になって途上国の近代化が一斉に始まっています。中国とインドとともにＢＲＩＣｓに数えられるブラジルとロシアもそうです。最近ではＶＩＳＴＡ（ビスタ）という言葉もできました。ベトナム、インドネシア、南アフリカ、トルコ、アルゼンチンの頭文字を取ってビスタです。両方合わせて「新興国」と呼んでいいと思いますが、これが一斉に立ち上がってきたわけです。

その勢いは、仮にアメリカの景気が止まっても影響を受けないほど強いものがあります。先ほど紹介したＩＭＦの世界の成長率で見ても、世界の経済成長の半分は新興国によるものです。実際、アメリカの景気はスローダウンしつつあることは誰でも知っていますが、それを押しのけて中国が二桁成長、インドが七〜八％成長を実現しているので、世界の成長の勢いは止まらないのです。

これは日本にとっても、一番安い労働力を使えるわけですから、決して悪い話ではありません。家電や自動車業界でも、コアの部品は日本でつくりますが、アッセンブリと言って完成品は二〇分の一のコストで中国でつくって、アメリカに売ることができるようになります。もちろん日本だけが有利になるのではなくて、アメリカでもEUでも、みんな同じです。ドイツ銀行証券の武者陵司さんは「チープレイバーギフト」と呼んでます。新興国の安い労働力の恩恵を受けて経済が発展することですね。

生産をよその国に出してしまえば、賃上げにもなりません。中国で賃金が上がっても倍増でも一〇分の一ですから程度が知れています。賃金が上がらなければ、インフレになりません。以前は賃上げがあるからインフレになったわけです。今はインフレになりませんから、金利も低くなります。すると銀行から借金しやすくなります。しかも企業収益は史上空前のレベルで手元には利益があります。アメリカも日本も、八〇年代後半のバブルの時の利益をすでに超えています。

するとキャッシュフローが手元にたまりますから、思い切った投資ができます。古い機械を更新したり、新しい設備を入れたり、新商品の開発をしたりできるわけです。

その結果、先進国はみんな景気が良いのです。日本も大不況から抜け出すことができました。

少々この動きと違うのがアメリカです。住宅が永い間景気上昇の一つのエンジンだったのですが、二〇〇七年は価格低落、在庫が増大しました。価格は二〇〇六年のピーク時に比べ三・六％マイナス。今後一〇～一五％の低落が予想されています。ＧＤＰ全体の成長率にこれまで一年間〇・九％のマイナス効果をもたらしています。にもかかわらず二％成長が続いてきたことに留意すべきでしょう。企業は増益基調で利益率も高く、バランスシートも健全です。ハイテク分野中心に設備投資が活発、個人消費もあまり住宅不況の影響を受けていません。雇用の八四％がサービス部門で、雇用が堅調だからです。

また、アメリカのエコノミストでエド・ハイマンという有名な当たり屋がいるのですが、その人が二〇〇七年の一〇月から一二月、あるいは二〇〇八年の始めくらいからアメリカの景気が急速に回復すると言っています。私も同意見です。ハイマン氏は、ＦＲＢの金利も一〇月から一二月のうちに現在の五・二五％という政策金利を〇・五％程度引き下げるのではないか、さらに二〇〇八年の一～三月期にもう一回やるのではないかと予測しています。9月に早くもこの予想が適中したことはご存知でしょう。

アメリカ経済はハイマンさんの見ている成長率鈍化よりも、現実には高い成長を示しつつあるし、食料、エネルギーなどの価格は上昇し始めました。個人住宅向け融資（サブプライムローン）の問題はヘッジファンドに飛び火してニューヨークの株価は下げましたが、この本が刊行される頃には騒ぎは収まっていましょう。米国連銀（ＦＲＢ）とブッシュ政権は金融不安が収まるためには「何でもする」と言っています。私が流動性危機が短期で終わると見る所以《ゆえん》です。ただし、インフレを誘導する懸念は強まりますが……。

それよりも何よりも、繰り返しになりますが、今世界の好況は中国、ロシア、インドなどの新興国の近代化が支えているということです。アメリカ人は自尊心を傷つけられるかもしれませんが、世界好況は米国抜きで進行しているのです。

新興国の近代化でさらに日本は強くなる

しかも、この流れは簡単に収まりそうもありません。

中国やインドなどの人口の多い国がいったん近代化を始めると、五年や一〇年では収まらないからです。

近代化とは何でしょうか。それは、先進国の程度の高い、そういう良い暮らしを自分たちもしたいという思いから始まります。例えば、アメリカのように一人ひとりが車を持っていて、部屋にはエアコンがあって、当然洗濯は川ではなく洗濯機を使う生活です

米国の景気と株価

ISI(米国の当たり屋エコノミスト エド・ハイマン氏)の予測

	2006 第4四半期	2007 第1四半期	2007 第2四半期 予測	2007 第3四半期 予測	2007 第4四半期 予測	2008 第1四半期 予測
実質GDP	2.5%	1.3%	1.5%	1.5%	1.5%	2.5%
インフレ率	1.6%	4.0%	1.8%	1.8%	1.8%	2.0%
10年物国利率	4.7%	4.6%	4.6%	4.3%	4.0%	4.2%
政策金利	5.2%	5.2%	5.2%	5.2%	4.7%	4.5%

↑

金利引き下げを予測!!

ね。そういうものが全部揃うまで、近代化は続くわけです。

日本の場合で考えても二〇～三〇年かかったわけです。インドはちょうど日本でいう昭和三〇年代の状況に近いと言えます。テレビや洗濯機や冷蔵庫が各家庭の二割から三割まで普及した頃ですね。これが始まると近代化は簡単に止まりません。

テレビや冷蔵庫などの白物家電をつくる場合、精密で良いものをつくろうと思えば、日本製の工作機械が必要になります。一〇年以上前の段階で、日本の工作機械の世界のシェアは一〇％ほどあったのですが、今はもう三〇％になりました。もちろん世界トップです。

近代化をするということは、日本の三〇年代に近代化した時に必要だった鉄鋼、造船、工作機械、建設機械、プラントといった重厚長大産業を、日本から輸入するという形になるわけです。ですからこれまで日本の自動車と電気という二つの柱があったのですが、それに重厚長大産業という新たな柱が加わることになります。しかも重厚長大の柱はそう簡単に揺るぎません。

従来の柱である自動車も見通しは相変わらず明るいでしょう。ハイブリッドや新型のディーゼル車など環境に配慮した自動車の開発は相当進んでいます。ハイブリッド車は世界でもトヨタとホンダの二社で独占しています。

ディーゼルエンジンで排気ガスの出ないようにするモダンディーゼルエンジンと呼ばれるものがあって、ヨーロッパのメーカーが開発に取り組んでいますが、このディーゼルエンジンの排ガスの浄化装置は、実は日本が独占しています。

エネルギー関連で言えば、太陽電池は世界の半分を日本が押さえています。ダントツのシェアを持っているのはシャープで、世界の四分の一のマーケットを押さえています。

電機も液晶やプラズマなど大型で薄型テレビがいいという話をしましたが、アメリカにはこうしたテレビをつくるメーカーは一つもありません。欧米では、ヨーロッパのオランダにあるフィリップスが、韓国のＬＧグループと一緒にやっているだけです。それから韓国のサムスンがやっているのみです。液晶はシャープがダントツで、ソニーや東芝、松下も出しています。プラズマなら松下と日立。日本のメーカーはたくさんあるのです。これが揃って伸びており、しかも二〇一一年頃までに世界中でデジタル放送に変わるわけですから、今あるテレビは全部入れ替わることになります。

テレビは世界中で一六億台ありますから、ものすごい需要が発生します。単純に一〇年かかるとして一年で一億六〇〇〇万台の入れ替え需要ができます。実際には、最初のうちは前倒しがあるでしょうから、もっと大きな需要があるでしょう。すると、現在のパソコンと同じ売上高になります。この分野で日本が寡占状態になることが見込まれるわけですから、まさに「黄金時代」です。ある意味、これからは日本は一番おいしい思いをするわけです。

一事が万事この調子で日本は圧倒的な強さを誇っているのです。日本は不況で長い間苦しんできましたが、その間、世界がほしいだろうというものを、一生懸命開発してきたわけです。それが今になって花開いたのです。よその国が真似しようとしても、簡単には真似できないほど、技術力に差があります。

しかも高度成長の時代のように日本一国の近代化ではなく、中国、インド、ブラジル、ロシア、さらにベトナム、インドネシア、南アフリカ、トルコ、アルゼンチンと続くわけですから、大変なことです。

よく「景気回復の実感がない」という声もありますが、今申し上げた話はすべて輸出

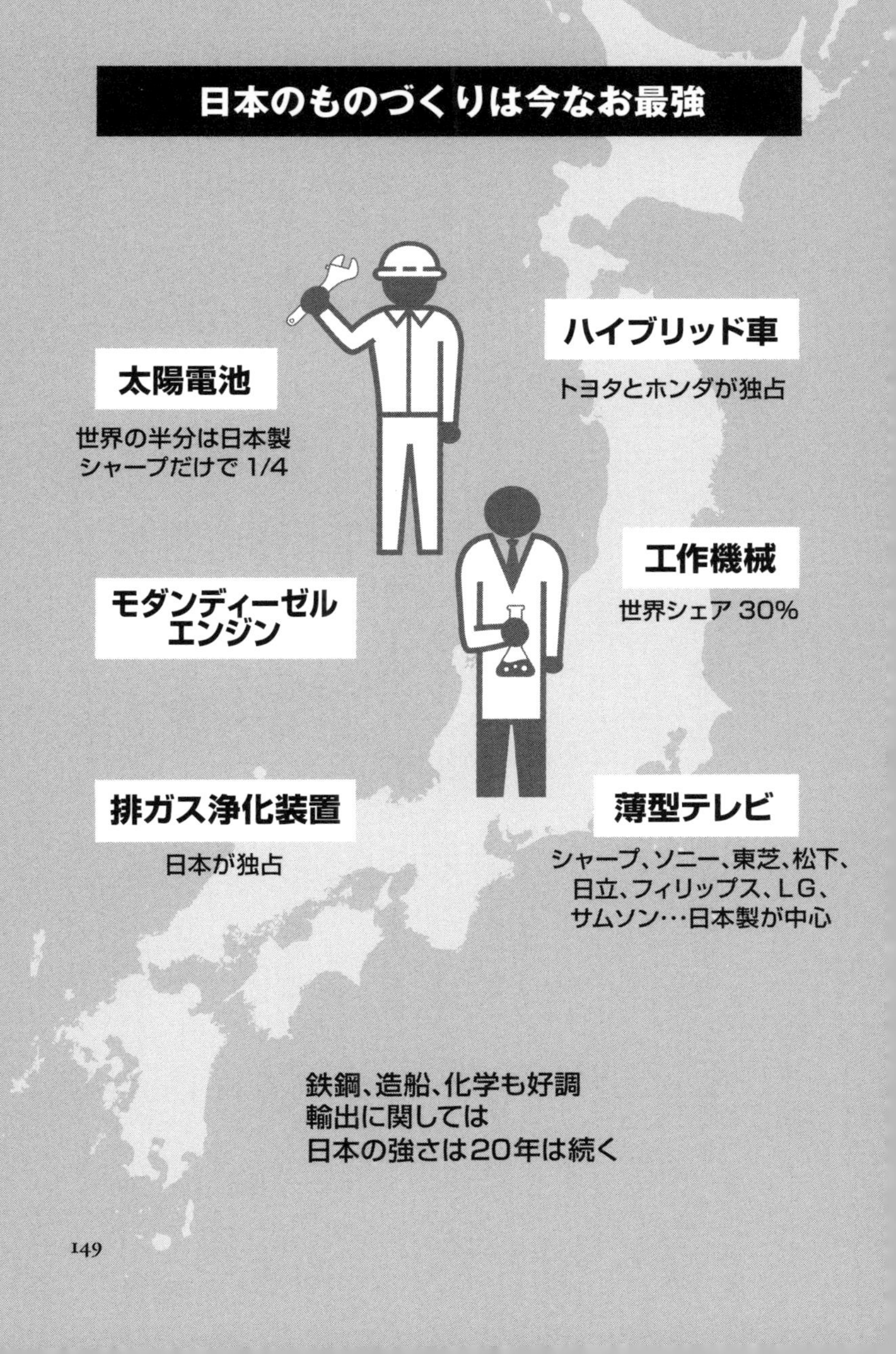
日本のものづくりは今なお最強
ハイブリッド車
トヨタとホンダが独占
太陽電池
世界の半分は日本製
シャープだけで 1/4
工作機械
世界シェア 30%
モダンディーゼル
エンジン
排ガス浄化装置
日本が独占
薄型テレビ
シャープ、ソニー、東芝、松下、
日立、フィリップス、LG、
サムソン…日本製が中心
鉄鋼、造船、化学も好調
輸出に関しては
日本の強さは20年は続く

産業に関する話で、先ほど申し上げたように輸出に携わる人は二〇人に一人の割合でしかありませんから、残りの一九人には蚊帳の外ですから実感がないのは仕方がないことです。しかし、いずれはじわじわと景気の良さを実感できるようになるでしょう。

以上、輸出に関しては日本の強さは二〇年続くでしょう。二〇年後に追いつかれるかどうかは分かりませんが、アキレスと亀のたとえではありませんが、向こうが追いつく頃には日本も一歩や二歩は先に行っているはずです。一〇年、二〇年の差はそう簡単には詰められません。特に製造業においては、優位は当分揺るがないでしょう。

バイオとか金融の分野ではアメリカが相変わらず優位で、日本はとてもかなわないような気がします。

もちろん一方では、量産品のローテクのものは、コスト面から考えて、中国やインドにかなうわけがありません。

日本は加工貿易の国ですので、昔から原料を輸入して加工して輸出することで繁栄を築いてきました。この体質そのものは今後も壊れないはずです。

第三章

日本はツイている——少なくとも一〇年間は

幕末以来、日本はずっとツイていた

最近の景気回復の道筋を見ていますと、実にツイているというのが正直な実感です。以前、マレーシアの前首相のマハティールという方に話をお伺いしたことがあります。マハティール氏は日本の歴史をかなり勉強されている人で、「日本はすごくツイている」と話していました。私はそれまで「ツキ」で歴史を考えたことがなかったものですから、「もう少し詳しく聞かせてください」と言いました。すると、次のような趣旨の説明を受けました。

例えば幕末。当時中国はアヘン戦争の後、上海などを列強に取られてしまって、政府がガタガタになってしまった時に、日本は横浜も神戸も外国に占領されなくて済みました。

明治維新もあれだけの革命なのに無血に近い状況で成し遂げました。戊辰戦争はありましたけど、内戦というレベルではありません。それは勝海舟というすごい人が幕府の代表だったために、戦争をせずに江戸城を開城できたわけです。これが訳の分からない人ならどうなっていたか分かりません。その後、イギリスと同盟を組んだことも重要でした。たまたまイギリスはアジアで仲間が欲しいと思っていたタイミングだったので同盟を組めたわけです。そのおかげで日露戦争にも勝てました。相当ツキがあるというわけです。

さらにマハティール氏は、戦後の日本もツイていると言います。

戦後日本は焼け野原になったために、もう一度ゼロから工業化を始めました。そのため、世界で最新鋭の技術を導入することができました。他の国は古い工場を使わざるを得ませんでした。いきなり新しい工場は建てられないわけです。その点、日本は何もありませんからすべて新しいものになります。それで全部最新鋭の技術を導入することができたのです。

その上、原油も非常に安かったし、鉄鉱石も安かったので工業化が安いコストでできました。今、マレーシアは必死に追いかけようとしていますが、原油が高いので簡単に追いつけません。しかも、今は工業化と言っても中国もインドも、新興国が一斉にやっていますが、当時は日本だけが工業化したので競争も少なくて済みました。だから非常にツイていたというのです。

それを聞いて、「なるほどなあ」と思いました。日本は歴史のめぐり合わせが非常に幸運だったわけです。

最近の景気回復もツイていた

確かにその観点で日本経済を振り返ってみると、最近もツイていたと思うようなことが数多くあります。

一つは鉄鋼業界の復活です。ソ連が解体して外貨を稼ぐために鉄を大ダンピングして安売りしたことから「鉄冷え」という大不況が起きた話を紹介しました（47ページ：第一部第二章）。二〇年くらい前の八幡製鉄や富士鉄があった時代に、富士鉄釜石という有名なラグビーのチームがあったのですが、この鉄冷えでチームがなくなってしまい、多くのラグビーファンをがっかりさせたことがあります。

それから業界は不況に沈んだため、日本の製鉄会社は、製鉄所を閉めたり、川崎製鉄と日本鋼管が合併してＪＦＥをつくったりして必死に生き残ろうとしたわけです。ところが二〇〇〇年近辺からロシアは、カスピ海の近くで発見した大量の天然ガスと原油をヨーロッパ向けに販売し始めました。あまりに大量でしかも採掘しやすい場所にあったため、ロシアはもう鉄を安売りをする必要がなくなりました。

こうして製鉄業界がようやく息がつげるようになったのですが、ちょうどその時にタイミングよく中国の近代化が始まって、鉄の需要が増えたわけです。もちろん中国自身も自分でつくろうとしたのですが、つくれるのはトン当たり二万円とか三万円という日本でいえばくず鉄レベルのものくらいなので、質の良い鉄は海外から輸入しなければなりません。量だけなら中国は世界最大の生産国ですが、実際は日本や韓国から輸入しなければやっていけないのです。

第一部で申し上げたように、アメリカやヨーロッパの鉄鋼メーカーは鉄冷えの間に廃業するか売却するなどしましたから、初めから日本の鉄鋼業界に依存しなければ中国の近代化は成し得ない状態になっていたのです。それもコストが上がれば値上げをしても相手はその条件を呑まざるを得ないという有利な商談を進めることができるほどに、日本の鉄鋼メーカーは強い立場にいます。

また、日本の鉄鋼が生き延びたのは、たまたま製鉄所が海のそばにあって運搬などのコストが低い上、設備も最新のものがありました。もちろん、欧米のように投げ出さないで粘り抜いたからでもありますが、ツキの部分が相当多いと言えます。

ツキについては、まだあります。

エレクトロニクス分野では、日本はかつて半導体の技術で世界一でした。ところがクリントン政権の時代に、随分日本はいじわるをされて、「日本の半導体は世界最大のマーケットなのだから五分の一は海外のメーカーに譲れ」などと圧力をかけられ、韓国のサムスンや台湾の会社が躍進するようになりました。当然アメリカも入ってきて、「半導体のノウハウを講習しろ」などとひどいことを言って、日本の半導体メーカーをトップから引きずり下ろしたのです。

その時に、日本はやられてしまったのですが、ソニーの当時の経営者が「次の時代はナノテクだ。一〇億分の一のテクノロジーだ。ナノテクの半導体をつくろう」と言い出しました。この部門は大赤字でしたが、頑として引かずに開発を進めたのです。

その結果、できたのがデジタルカメラです。普通のカメラはレンズを通じて見える絵がそのまま写ってきてフィルムになるのですが、デジカメはまったく違う仕組みで写ります。

三〇〇万画素とか五〇〇〇万画素といいますが、絵を細かく分けて〇と一の二進法の数字で決めていきます。この画素を何百万も集めると全体が非常にきれいな絵になります。見えたものをコンピュータで画素にして二進法で表すということをやれるのは、ナノテクでなければできないのです。

ソニーはそんな技術を開発して売り出してみたら、これが大成功したわけです。結局、デジカメは日本にしかつくれません。もちろん海外のメーカーも真似していますが、性能から言えば全然かなわないのが現状です。デジカメをつくれるのはソニーをはじめ、松下、キヤノン、三洋電機、日立と、日本のメーカーばかりです。一時期半導体産業は、やられてしまいましたが、結局、ツキに見放されてなかったわけです。

デジカメに使うカメラをＣＣＤと言いますが、このアイデアでナノテクに当たる半導体が続々とできるようになりました。

例えば、ＤＶＤレコーダーに使うシステムＬＳＩというものがあります。これもナノテクの半導体です。半導体そのものに使う変圧器などの電子部品を一つにまとめて、プラスチックでガチャッと止めたものです。これを壊してしまうと、中の電子部品が全部壊れてしまう仕組みにしてあるので、ノウハウが外に漏れないようになっています。このシステムLSIをつくれるのは世界で松下電器と東芝だけです。松下電器が八五％で東芝が一五％のシェアです。これも日本が圧倒的なのです。

ＣＣＤについては、デジカメだけでなく、用途がどんどん広がっています。例えば携帯電話についているカメラがそうです。ところが、最近ではそれを自動車に使おうという話が出てきています。まずヨーロッパの自動車メーカーが言い出して、日本もすぐに賛成しました。運転席のメーターなどが集まっているコクピットの部分に、サイドミラーやバックミラーも持ってきて、画面で見えるようにしようというアイデアです。横や後ろにカメラをつけて運転席で見えるようにした上に、前の方にはセンサーをつけて、交通事故の危険が迫ったり、人の体温を感知したりした場合に急ブレーキをかけるような装置もつけようという話になりました。安全な車をつくろうという趣旨です。すでに研究が始まっているのですが、これが普及していきますと、自動車一台でＣＣＤを四つも五つも使うことになります。これは標準装備になれば相当大きなマーケットになります。

この自動車の話が舞い込んだのもツキがあったと言えます。

また、これはまだ法律で決定していませんが、アメリカでデジタルのテレビを販売する時に、液晶でもプラズマでも、ＤＶＤレコーダーを内蔵したテレビを売れるようにしてほしいという要望を、アメリカの放送業界、テレビ業界の連盟が出しています。地方自治体で必要な連絡を回したりするのに使えるからということでの提案ですが、これが実現しますと、ＤＶＤレコーダーの一番大事な部品であるシステムＬＳＩは日本製ばかりですから、これもまた日本経済にとって嬉しい材料です。こちらから何か特別な運動や働きかけを全然していないのに、そんなオイシイ話が転がり込んできているわけです。この話などはまさにツキでなくて何というのでしょうか。

もちろん、開発に携わった技術者が諦めずに頑張ったから、こういうツキを呼び込んだのでしょう。

ナノテクについてはアメリカの半導体メーカーも、自分たちでやろうと宣言して二社ほど開発をしていますが、まだ成功していません。株価も暴落と言っていいほど下がっています。日本のナノテク技術は世界一なのです。

アメリカの技術開発は金額的には世界一ですが、軍事関係のものが相当な割合で入っています。日本のように企業が売上の二％も技術開発に向けてしまう国というのは少ないのです。これは欧米型の資本主義に対して、日本の長期的な視点で経営する日本型資本主義の良い部分が出たのではないでしょうか。ナノテクの開発は、アメリカのように短期の成果を求める風土だったら、途中で止めさせられているはずです。

サイクルで見ても「黄金時代」が到来する――ゴールデン・サイクル

黄金時代がやってくることは、様々なサイクルを見ても分かります。

サイクルは「景気循環」と訳していますが、いろんな種類のサイクルがあります。例えばコンドラチェフ・サイクルという六〇年前後の長い周期のサイクルがあります。建設投資のサイクル(クズネッツ・サイクル)という二〇年周期のサイクルもあります。アメリカの住宅や商工業の建物の実質建築許可高の統計の推移から、二〇年近い景気循環が繰り返されているため、建築循環と呼ばれます。

設備投資のサイクル(ジュグラー・サイクル)という一〇年周期のサイクルもあります。中期のサイクルで、元々は欧米の金融統計に見られたサイクルですが、最近では設備投資の推移と関係があると考えられるようになり、設備循環と呼ばれるようになりました。

在庫投資のサイクル(キッチン・サイクル)という三、四年周期の短いサイクルもあります。

以上長短合わせて四種類ほどのサイクルがあると言われていて、一定期間ごとに似たような経済現象が繰り返される性質があると言われています。

実は、この四つのサイクルが二一世紀に入ってから、それぞれのサイクルが上昇局面に転じたという議論が言われ始めています。代表的な論者は、三菱ＵＦＪ証券の景気循環研究所所長の嶋中雄二さんです。

嶋中さんによれば、それぞれのサイクルは次のような局面を迎えているそうです。

まず超長期のコンドラチェフ・サイクルは、一九四〇年に一度底をついてから七七年まで上昇を続けた後、約二五年間下降を続け、二〇〇二年以降底入れしつつあります。今後は約三〇年程度の上り坂に入ると言います。

クズネッツ・サイクルは、二〇〇三年以降、すでに上昇に転じ、二〇一二年までは不動産、建設、金融業の活況と一体となって内需の好調な時代が展開する可能性があるとします。

ジュグラー・サイクルは、西暦の各一〇年代の後半の五年間が景気拡張期になるという特性があり、今回も二〇〇六年から二〇一〇年までの五年間は新規の設備投資が盛んになる可能性が高くなっています。

キッチン・サイクルは、二〇〇六年一月からプラスに転じており、これもしばらく上昇することが期待されます。

このように四つのサイクルがすべて上昇局面に入るのは、戦後の復興期以来、実に六〇年ぶりのことだそうです。これを嶋中さんは「ゴールデン・サイクル（黄金循環）」と呼んでいますが、私も同感です。

今度はバブルにはならない

次にバブルの可能性があるのかどうかをお話ししましょう。

前回のバブルは、一億の土地に対して、銀行が一億二千万円ものお金を貸すようなことをしてきたために、土地の値段の下落を受けて大変なことになったということは、すでに申し上げました。

現在、土地の値段が上がってきたことを受けて、担保流れで銀行に集まっている土地を使って、銀行主導で何か商業用のプロジェクトをつくろうという動きが盛んになっています。それは大きなマンションであったり、ショッピングセンターであったりするわけですが、そうしたプロジェクトが盛んになったために建設工事も忙しくなるという具合の好循環が起きています。

まさに「上げ潮」の状態なのですが、銀行もバブルの時の失敗に懲りて、一億の土地で一億二千万円を貸すというようなことはしないで、不動産鑑定士を審査部のところに必ず顧問でつけて、顧問が「これは適正な値段です」というお墨付きを与えないと貸さないような仕組みをつくっています。ですから前回のようなバブルにはならないでしょう。

とは言っても、多くの人は東京にますます人が集まってくることを知っていますから、そういう場所の土地は上がってくるのは避けられません。東京の中でも人が集まるような土地は、どんどん値段は上がるでしょうし、そういう土地も広がっていくでしょう。

墨田区なども第二東京タワーが二〇一一年に開業する予定になっていますが、その頃には東京タワー以外にも周辺に色々なものができることが予想されます。すると人もたくさん集まってくるに違いありません。

例えばこの一〇年ほどを振り返ってみてください。こんなに東京に人が集まるようになると想像した人がどれほどいたでしょうか。六本木ヒルズができたのが二〇〇三年で、表参道ヒルズが二〇〇六年にオープンしています。二〇〇七年は東京ミッドタウンが開業しました。東京駅前の丸の内も新丸ビルと丸ビルの改装が行なわれたりして、再開発が相当進みました。どこも人であふれていて、ガラガラのところはありません。相当な集客力があるので、プロジェクトに携わる人も、期待が膨らんで力が入ります。

つまり地価が上がっても中身が伴っていますので、これはバブルというより、景気が上向いたととらえておけばよいと思います。

問題があるとすれば、景気が良くなって黄金時代が来ると言っても、地域によって随分差が出るということです。

例えば地方の人口を見てみましょう。人口一〇万人以上の都市で、二〇〇〇年から二〇〇五年の統計で、人口が三・六％以上増えた都市を抜き出してみました。

するとほとんどが東京の都市圏であり、あとは名古屋近辺に少々あるだけです。他の都市はほとんど成長していません。東京の中でも、詳しく見ると区によって差が出ています。人が集まる施設があるかどうか、大学があるかどうか、いろんな条件が揃ってい

ただし、土地は何でも上昇するというわけではない
少子化・高齢化があり部分的
人口10万人以上の都市の成長(2000～05年)
急成長(3.6%以上)
東京都市圏
さいたま・川口・草加・戸田・朝霞・千葉・市川・船橋・成田・八千代・浦安・東京・八王子・立川・府中・調布・町田・日野・国分寺・清瀬・稲城・横浜・川崎・相模原・大和・海老名・藤沢
関東内陸
つくば・那須高原・伊勢崎
福岡
東広島
近畿
大津・草津
東海
岡崎・半田・刈谷・豊田・安城・東海・鈴鹿
那覇・沖縄
出所：スフィンクス研究所　2006/4

ないと人が集まってこないのです。何もない都市はどんどん人が減ってしまいます。

一九八〇年代の後半の時は、全国全部何でも上がっていましたが、今度はそうではありません。景気がよくなるからと言って、八〇年代が再来すると考えてはいけません。地域格差が出ます。それは仕方のないことで、流れは変えられないと思います。

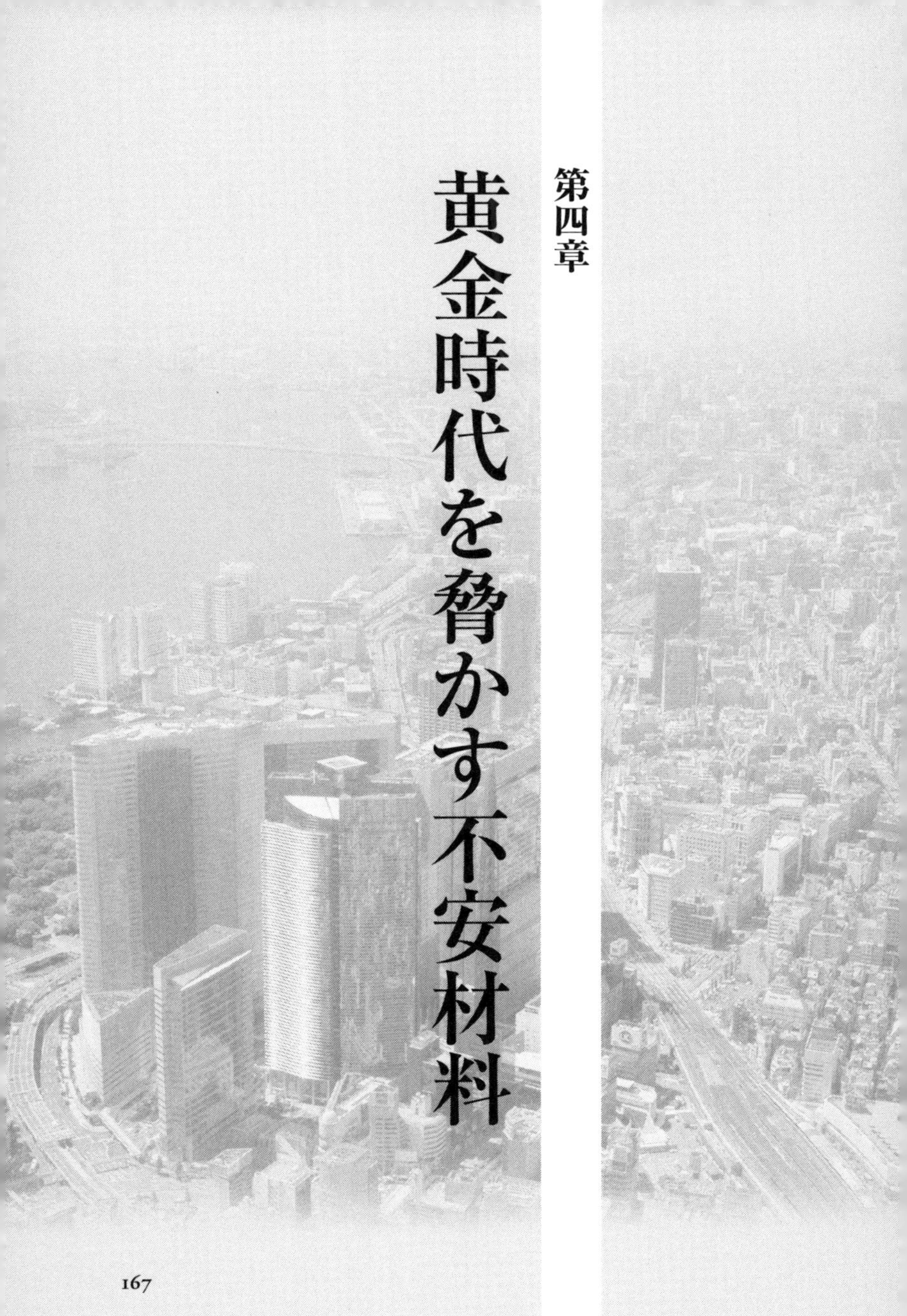

第四章

黄金時代を脅かす不安材料

アメリカはイランとの和平を進めている

これまで良い材料を中心にお話ししてきましたが、当然黄金時代へと向かうシナリオが崩れる不安材料もあります。

一つ目は中近東の情勢です。二つ目は二〇〇八年のアメリカ大統領選です。そして三つ目は中国リスクです。それは北京オリンピック後のショックかもしれませんし、二〇一〇年の上海万博後かもしれませんが、何らかのイベントリスクです。順番に説明しましょう。

まず中近東問題です。現在、極めてホットな問題です。

それはイランとアメリカの対立です。イランとアメリカは、これまでもう二六年間もまともに交渉していません。はっきり言えばアメリカにとってイランは不倶戴天《ふぐたいてん》の敵であり、逆にイランのアフマディネジャド大統領にとっても同じです。

イランは現在、ウランをどんどん濃縮して、原爆までつくれるような数の遠心分離機を自前でつくろうとしています。それまで持っていた遠心分離機は三〇〇台、これを三〇〇〇増やして三三〇〇台にしようと計画しています。四月末の段階ですでに半分の一五〇〇台近くが稼動しています。この数になると、そのつもりでウランをためていくと、原子爆弾がつくれます。

この動きに対して、「困るからやめてくれ」と言っているのが、国連の安全保障理事会ですが、もちろんこれに対してイランはイエスとは言いません。この問題は、去年の五月から六月にかけて相当情勢が緊迫して、原油が一バレル当たり七八ドルもの高値を記録したのはご記憶にあるかと思います。

今年はさらにもう一つ注目すべき事件がありました。

イランはイスラム教のシーア派の国です。シーア派の総本山です。一方、スンニー派の総本山はサウジアラビアです。

この両国に挟まれているのがイラクです。イラクはシーア派が六〇%でスンニー派が二〇%という構成です。残りはクルド人です。サダム・フセインは少数派のスンニー派ですが、多数派のシーア派を押さえ込んでいました。フセインがいなくなってからは、人口に応じた投票をしていますので、人口の多いシーア派がトップで議会を押さえています。

ところがシーア派の中でも親米派と反米派とあります。アンチアメリカの代表はサドル師です。サドル師は実力者で七万人の民兵を持っています。なぜそんな大勢の兵隊を養えるかと言いますと、イランから資金をもらっているのです。兵器もイランからもらい、兵隊のサラリーもイランから払ってもらいます。自爆テロをやる時は、テロで死んだ人の遺族に対する慰労金も払ってもらいます。つまりイラン丸抱えでシーア派の一部が反米になっているのです。

当然、アメリカにとっては放っておけませんから、何とかアンチアメリカの動きを止めようとします。一月二〇日のブッシュ演説でも、「我々は放っておけない。これについては戦う」と言いました。戦うと言っても戦争をするという意味ではなく、戦線を広げて兵隊を増員し、反米勢力が広がらないようにしようということです。

その結果、サドル師もイラクにいられなくなって、レバノンやイランに逃げ出したと言われていました。

ところが、ブッシュ政権も、そんなに戦争ばかりしていられません。イラクでも大勢の死者が出ています。それで何とか和平をしようということになり、スイスでアメリカ大使とイラン大使が交渉して、外務大臣同士、アメリカはライス国務長官が出て、和平に向けた取り組みが始まりつつあります。アメリカは対イラン政策を転換させつつあるのです。

サドル師の反米説教を見て見ぬふりをしたアメリカ

もう一つ面白い動きがあります。

それは世界銀行の融資です。国連関係では、世銀とIMFという二つの大きな金融機関があります。世銀はアメリカが一一代にわたってずっと総裁を出し続けています。つまりアメリカが支配しているわけです。ですから世銀が大きな融資を決める際は、アメリカのその時の政権の了承が必要となります。一方、IMFはヨーロッパの方が入れ替わり立ち替わり代表になります。

その世銀が、イランからパキスタン経由でインドまで続く長い天然ガスのパイプラインの建造計画に対して、融資をすることを決めたのです。ちょうどその時にウォルフィッツという世銀の総裁が、特定の女性に不当な優遇をしたという問題でクビになって、代わりにゼーリックという穏健派の人が世銀総裁に就任したのですが、そのゼーリック就任後第一号の案件がこのパイプライン建設なのです。

ちなみにウォルフィッツ前総裁は、ネオコンの代表的論客で、チェイニー国防長官の下で副長官をしていた人です。ゼーリックはハト派になります。イランに対してはアメリカは経済封鎖をしているわけですが、イランは石油と天然ガスが大量に出ていて、それをインドで売るということは、事実上、アメリカがイランへの経済封鎖をほどほどにしますよという意思表示にほかなりません。

実はこの話を聞いた後、今度は五月二八日に、イラクの新聞がある報道をしました。イラクのあるシーア派の聖地、日本で言えば京都に当たるナジャフという町で、サドル師が現れて説教したと報じたのです。もちろん説教の中身はアンチアメリカです。「アメリカ人にはここから出てってもらえ」という内容です。

常識で考えて、ナジャフにはアメリカの兵隊がたくさんいて、見つかったらサドル師はすぐにつかまってしまうはずです。にもかかわらず堂々と現れて説教し、しかも新聞に出ているわけです。

ということは、アメリカは「見て見ぬふりをした」ということになります。ですから今原油の価格が上がっていますが、それはアメリカの精製設備が足りないために起きている現象であって、有事への不安からの上昇ではないということになります。戦争の不安があるなら、原油が上がってインフレになって金利も将来上げなければいけないというシナリオになります。しかし戦争がないとなると、ＦＲＢは金利の引き下げをするというシナリオが出てきます。この後者の方のシナリオに基づいて、ニューヨークやナスダックは新高値を更新しました。

つまり、アメリカがあれだけのお金を使って、拳骨を振り上げてイラクをやっつけたのですが、ほとんど面子丸つぶれの状態で逃げ出すという形になりつつあるわけです。兵隊がどこかに駐留し続けて、一応は体裁を整えていくのでしょうが、少なくとも戦争懸念はだいぶ遠のいたわけです。宥和主義、平和主義ということになれば、世界のインフレ懸念や戦争への緊迫感がなくなります。これは世界の経済にとっては良いことです。

イラン問題は実は北朝鮮問題でもある

実は、この話が日本にとっては、不安材料になるのです。

対イラン宥和政策が、対北朝鮮に飛び火する可能性があるからです。

最近、アメリカが北朝鮮に対して優しくなったと感じている人も多いのではないでしょうか。韓国の盧武鉉大統領は二〇〇七年八月に金正日北朝鮮総書記と再び会談すると言い出しました（後に一〇月に延期）。かつて金大中大統領と金正日総書記が北朝鮮の空港で抱き合って世界中のニュースになったことがありましたが、それをもう一回やろうというわけです。今年一二月に行なわれる韓国の大統領選挙で、北朝鮮容認派を次の大統領にするための、いわば陽動作戦です。

アメリカが北朝鮮に対して宥和政策を取るとどうなるでしょうか。北は社会主義のまま、南は資本主義のまま、その代わり連邦という形で「朝鮮」という国がこの一年から三年くらいの間に出来上がるというシナリオが出てきます。

その時に北の持っている核弾頭を全部廃棄するか、あるいは召し上げることができるかどうかがカギになります。そうなっても、一つや二つは隠しておくということがありえます。口で廃棄したと言っても、その通りにしない可能性があると、誰もが思うでしょう。

そうしますと、西ドイツが東ドイツの再建に大変な時間がかかって、その後西ドイツの経済はかなり苦労したのですが、韓国は西ドイツのように北朝鮮を助ける余裕はまったくありません。では、新しく出来上がった朝鮮という国は、どうやって経済を運営していくのでしょうか。

はっきり言えば、日本を脅かして、目の玉が飛び出るような巨額の賠償金を巻き上げ、そのお金で近代化を図ろうとするでしょう。当然、日本はそんなことを言わせてたまるかという話になります。

この話は決して新しい話ではなくて、八〇年代後半から九〇年代初めに、北朝鮮の核問題が出てきたあたりから、アメリカの上院と下院にそれぞれ軍事委員会と外交委員会があって、その議事録は公開されているのですが、すでにこうした話が出ています。日本の核武装の議論も出ました。

しかも、実際問題として、北朝鮮はこういうことをやりかねない国です。これまでも日朝の外交交渉の場で、ティーブレイクの休憩の時などに窓際に立っている日本の外務省の役人の近くにそっと近づいて、「一発、発電所の近くで原爆をやりましょうか」と囁《ささや》いたりしています。あれっと思うと、すっと向こうの方に去ってしまう。こんな言葉上のテロをこれまで何回もやっているわけです。

二〇〇六年一一月に例のようにアメリカに行って、向こうの日本通の人と話していたら、こんなことを言われました。

「あなたがたは金正日が簡単にパーになって、新しい政権ができると思っているの？そんなことは中々起きないよ。多少経済封鎖をしても頑張っちゃうよ。韓国も完全に北の言いなりだし、元々日本と朝鮮は憎しみ合ってるじゃないか。それが核弾頭ぶら下げてきているわけだから、これはコリアン・リスクなんだ。日本に新しい地政学的なリスクが発生したと考えるべきなんだ」

これが外国の投資家が日本の株を二〇〇七年に入ってから本気で買ってこない理由です。大きなマーケットだし、業績もいいので、まったく買わないということはありませんが、ある範囲までしか買わないわけです。お付き合い程度の投資です。

日本はＩＡＥＡ（国際原子力機関）に入っていますので、核武装をした場合、原子力発電所を止めなければなりません。協定にサインしてしまっているので実際にはできません。そんな状況で朝鮮半島が核武装して、「いつでも撃てるぞ」と脅してくれば、日本は手を出せません。これは決して小さくないリスクです。実際どうなるかは別として、この地政学的リスクがある程度解消されない限り、投資を控えておこうと考えている投資家がいることは事実なのです。従ってこれは日本経済にとって不安材料になるわけです。

アメリカ民主党政権で日本叩きが始まる⁉――ヒラリーショック

二番目はアメリカの大統領選です。

現在のところ、イラク政策での失敗があって共和党の人気が落ちています。最近の支持率を見ますと、共和党の支持率は四〇％を割り、野党民主党の支持率は五割前後のところまで来ています。このままで行けば、民主党が勝ちそうな状況です。

中でも有力なのは、ニューヨーク州選出の上院議員のヒラリー・クリントンとアフリカ系の上院議員のバラク・オバマの二人です。この二人がダントツで、三位のエドワーズは二人と比べるとだいぶ落ちます。アル・ゴア元副大統領が出馬するんじゃないかとも言われていますが、本人は出馬するとは言っていません。

世界の当たり屋の動向も興味深いものがあります。

ジョージ・ソロス、チューダー・ジョーンズというヘッジファンドの二人は、ヒラリーに日本円で五、六億円寄付しています。世界の大富豪ウォーレン・バフェットは、ヒラリーとオバマに半々で同じくらいの金額を寄付しています。みんな民主党が勝つと考えているわけです。

民主党政権になるとしますと、クリントン時代に、民主党がいかに日本をいじめたかという記憶がよみがえります。

スーパー三〇一条、日米半導体協定、日米自動車協定と、いろんな形で日本経済叩きをしましたが、一番分かりやすくて一番ひどかったのが、九五年をピークとする円高攻勢です。

九五年の四月に一ドル七九円七五銭という超円高に追い込みました。この時はクリントン大統領が自ら口先介入をして、円高に誘導しました。九五年と言えば阪神淡路大震災があった年で、日本にとって大変な時期でしたが、円高攻撃で追い討ちをかけられ、日本の競争力はかなり失われてしまいました。

この政策を進めたのはクリントン大統領ですが、陰ではヒラリー・クリントンも動いていました。本当はファーストレディの立場では権限はないにも関わらず、彼女はほとんどの閣僚会議に出席して、場合によってはリーダーシップを握っていたと言います。ですから一連の日本叩き政策に、ヒラリーは相当かんでいたと考えられます。

ヒラリーは、全米で五本の指に入ると言われる有名な弁護士で、全米弁護士協会が彼女の資金源です。クリントン政権時代の八年間は、実は日本の在米子会社は、その多くが提訴騒ぎに巻き込まれました。セクハラ、特許権の侵害、労働基準法違反、人種差別とその内容は様々で、要するに何でもありでした。提訴されれば時間は取られるし、いくらこちらに利があっても、陪審員はみんなアメリカ人でまず負けてしまいます。膨大な時間を取られた上、賠償金も取られたらたまりませんから、日本企業は提訴されるとすぐに和解するようになりました。しかし、その和解金も目の玉が飛び出るような金額で、ほとんどの日本企業がやられてしまいました。

なお、大統領がブッシュに変わった途端に、日本叩きはやみました。まったく訴訟がなくなったわけではありませんが、以前の八年間に比べれば、何百分の一、何千分の一に減りました。

対日の基本政策も一変しました。クリントンは日本に「もっと消費をしろ、日本のマーケットを開放しろ、アメリカ製品を買え」と言っていたわけですが、ブッシュは逆のスタンスを取りました。

ブッシュが当選した直後に、ブッシュ政権の高官になった人と会ったのですが、彼はこんなことを言っていました。

「日本もこれだけの不況になったら、内需を大きくして市場を広げろと言っても無理だろう。日本はアメリカ向けの輸出で飯を食べなければやっていけないから、どんどん輸出すればいい。アメリカの企業は文句を言うと思うが、国内のメーカーは我々が押さえ込む。その代わり、アメリカへの輸出で稼いだドルの黒字を、もう一回アメリカに投資して還流してほしい。ドル債を買うと約束してくれれば、我々は無理な注文はしないし、ドル高になっても構わない」

それで、実際その通りの政策を行ないました。それで日本は景気回復をしたわけですが、これが民主党政権になれば、また元に戻る可能性があります。

ワシントンに、フレッド・バーグステンというエコノミストがいて、最近いろいろと発言をし始めています。クリントン時代に売れていた人で、円高に追い込む時に、必ず彼が「円はもっと高くなるべきだ」と円高の目標値を言い出して、マーケットがその発言を追随するという現象が起きていました。彼はブッシュの八年間、うんともすんとも言わなかったのに、今年の三月くらいから元気が出てきて、「円は二五％から三〇％割安である。九〇円になるべきだ」などと言い出しているのです。とても嫌な感じです。民間のエコノミストですが、民主党のひも付きエコノミストです。

以上の話は、すべてヒラリーが大統領になったら、の話です。まだ分かりませんから何とも言えませんし、新大統領が就任するのは二〇〇九年の一月の就任式以降です。ただ、その前にマーケットは動き出しますから、下手をすると二〇〇八年後半にはヒラリーショックが起きるかもしれません。これが一つの不安です。

ただ、日本とアメリカの関係は以前とは違います。自動車一つとっても、今では現地にたくさん工場ができて、現地で雇っている労働者の数が多くなっていますから、日本企業をあまり叩くと、自国の労働者も困るので、そう無茶なことはできないはずです。日本企業が躍進するとアメリカの労働者のクビが切られるという昔の単純な図式ではなくなっているのです。それにブッシュの時に乱訴法という弁護士が勝手に変な訴訟を起こさないようにする法律をつくっていますので、その法律を改正しない限り、無茶な訴訟はできません。その意味で、前回のようにひどいことにはならないように思います。

中国のイベントリスク

第三は中国です。

中国で貧富の差が激しいことは、誰もが知っています。人口一三億人のうち、沿岸部の豊かな地域の三億人はヨーロッパ並みの生活水準ですが、奥地の一〇億人はアフリカレベルの経済水準です。それでも三億人でも相当大きなマーケットなので、将来の発展が期待されているわけです。

なぜ、このような格差が生じているかと言いますと、戸籍の問題が大きいのです。田舎に住んでいる人は都会に出て来れないようになっています。国内で移動の自由がないのです。戸籍を移せないのです。

都会の方は豊かになって生活程度も高くなり、日本円にして億単位の収入を得る人も出てきました。一方田舎では公害はひどくなるわ、砂漠化は進むわと、どんどんひどくなる一方です。それで五〇人以上が参加する暴動が、二〇〇〇年当時は約一万件だった

黄金時代を脅かす3つの不安

1　中近東問題

→アメリカの宥和政策が北朝鮮に飛び火

→コリアンショック
南北統一で日本に巨額の賠償金を請求

2　ヒラリーショック

→民主党ヒラリー政権誕生で
再び日本叩きが始まる

3　中国イベントリスク

→2008年北京オリンピック、2010年上海万博後、
労働者の不満が爆発する

のが、二〇〇五年は八万七〇〇〇件にまで増えたのです。これは大変な数です。昔の日本の一揆より大きなものが何万という数で発生しているわけですから。それだけ格差に対する不満がたまっているということは天下周知の事実です。これがいつ大爆発するかという不安があるわけです。

例えば、北京オリンピックの時には相当な人が集まります。今はオリンピックに向けてスポーツの施設をつくったり、ホテルをつくったりして、三〇〇万人もの建設労働者が集まっています。これがオリンピックが終わるといらなくなります。北京当局も、それでは不安だということで、近くの天津の海辺を開発して労働者を吸収しようとしています。それでも全部は吸収できませんから、オリンピック不況が来る可能性があるわけです。

ただ二〇一〇年には上海で万博がありますから、そちらでも労働者を動員できます。すると不況が来るのは二〇一〇年まで先延ばしできますが、それから先にはもう大きなイベントがなくなりますから、その辺でガタンと来る可能性があるわけです。

もう一つあります。たいてい共産国家がアウトになる時というのは、情報がかなり公開された時です。情報が公開されると、共産党の独裁政権が崩れる可能性があります。

今回のオリンピックでは、おそらく万単位のマスコミ関係者が中国を訪れるはずです。欧米の先進国地域からテレビのレポーターや新聞記者、雑誌のライターが来て、あちこち取材して歩くに違いありません。その取材した内容が中国のマスコミに載ることになります。その結果、中国はこんなにひどいことになっていたのか、と中国の人々が気づくリスクがあります。そうすると社会的な不安が高まります。オリンピック期間中は何も起きないかもしれませんが、その後はあります。

それに都市の建設労働者が働き口を失って「どうしてくれる!」と暴動を起こすリスクが加わりますから、何かが起こる可能性は否定できません。

ただ、江沢民と違って、現在の胡錦濤主席と温家宝首相の二人は、イケイケドンドンタイプではありません。北京で聞いた話ですが、江沢民の時代は、何か工場をつくると、その工場が操業しようがしまいが、つくりさえすればポイントがつくため、操業しない工場があちこちにできたそうです。正規に許可された工場は一〇〇〇くらいだったのに、実際にはその倍以上の工場、いわゆる闇工場ができたと言います。

いずれにしろ、江沢民のイケイケドンドンで建設ラッシュが起きたのはよかったのですが、中身は結構いい加減な部分があったわけです。ところが温家宝は、初めに計画されていた建物の鉄の使い方を見て、余計なものを取って建物の大きさを三分の一に減らしたりしています。江沢民の地元である上海に製鉄所をつくる時も、温家宝は全然知らされてなかったのですが、ニュースを見て知るや、慌てて飛んでいって建設をやめさせました。有名な中国ウォッチャーの方が言っていた話なので、おそらく本当のことでしょう。

要するに非常に地に足のついた形でのやり方に変わってきているわけです。その意味では良くなっている部分もあるということです。

以上、中近東問題、アメリカ大統領選、中国問題がここ数年に起こり得る三つのリスクです。

長期リスク①――競争を回避するカルチャー

実はほかにもリスクはあります。すぐには問題になりませんが、中長期的にはじわじわと効いてくるような問題です。黄金時代の日本が青銅の時代になってしまうような懸念です。今の一〇代、二〇代の若い人たちが四〇代くらいになって日本を背負う時に、「やっぱり手を打っておけばよかった」と思うような問題です。

第一は、何と言っても日本という国が優しすぎることです。なるべく競争を少なくして社会を運営しようとするところがあります。

例えば非製造業の生産性は、労働者一人当たりの売上高と考えればよいと思いますが、これが諸外国と比べてものすごく低いという問題があります。

空港に行った時に、何でこんなに人が多いのだろうと思うことはないでしょうか。飛行機に乗る時にチケットをゲートに自分で入れれば済むのに、わざわざ機械から出てきたチケットを受け取って渡してくれる人がいたり、スーパーの駐車場で何人もの人があっちだこっちだと誘導したり、ほとんど客がいないのに二四時間営業にして店員しかいなかったりということです。その分人を減らして、値段を下げてくれればいいのに思うことがある人も多いはずです。

日本では建設業の労働者が一番多いのは天下周知の事実ですが、多すぎる建設労働者を食べさせるために、「談合しません」と言いながら、実際にはやっています。業者で順番に回して、業界村の仲間は互いに仲間はずれにしないようにしているわけです。競争を働かせない仕組みが随所に出来上がっています。

私が聞いた話では、温泉町でも、苦しくなってくると、お客さんを回しあったりすることがあるそうです。

国や自治体から出る小さな仕事を方々に回す仕組みを権力にしているのがお役人です。日本の役人や官僚は、人数の比率で言うとそんなに高くありません。それは何とか公団のようなものを入れずに計算しているからそうなるのですが、そういう事実上の公務員を入れて計算していくと、国際的にも高い方になります。

お役人は定年近い年齢になると、本当の下働きの人たちばかりが残ります。偉い人は早く退職して、次のところへ天下りしていきます。それを二回三回繰り返し、いろんな団体の理事などに納まって、退職金をもらって、という人生を歩みます。それを各官庁のエリートのドンになっているような実力者が面倒を見ているわけです。

これを何とかしようと歴代の政府が頑張っているのですが、改革しようとするたびにものすごい抵抗をして、結局は骨抜きになってしまいます。
今も改革を進めてはいますが、二〇年後、三〇年後に、これがすべて合理化しているかと言うと、正直怪しいと思います。グローバル体制の中で競争力を高めるには克服しなければいけない課題ですが、このカルチャーはそう簡単になくなるとは思えません。

ご存知の通り、二〇〇七年七月の参院選は自民、公明の連立与党の歴史的大敗になりました。結果として安倍内閣が推進しようとした成長政策が否定され、民主党の主張する「生活の安全保障」が選択されたということです。

経済学的に言うと成長路線の方が絶対に正しいのです。高齢化に伴う今後の国民負担、拡大する所得格差、財政再建、国際競争力の確保、地方経済の疲弊など、山積する問題点の解決には三%かそれ以上の成長が不可欠です。長期の高成長で税収は増大し財政再建は軌道に。消費税増税もごく小幅で済みます。

ところが民主党の主張では、官僚天国は保全され、市場経済でなく政府主導または混合経済になります。一律税負担の国民年金保障、子育て支援、農家所得保障制度などの「大胆な公的負担増加」、つまりバラマキ政策でしょう。大幅な歳出カットを財源とすると言っていますが、具体的な名案があるとは見られていません。

それでも日本の産業界の競争力の高さと、発展する新興国市場での優位という「黄金時代」の基本は壊れません。民主党が図に乗って世界的に高い法人税をさらに引き上げるという企業いじめをしなければ大丈夫でしょう。

田原総一朗氏は日経ＢＰＮＥＴで安倍内閣に対し「二重クーデター」が行なわれたと述べています。

選挙で逆風となったのは、①年金騒ぎ、②政治とカネの問題。いわゆる閣僚の失言問題は別として、これらは官僚たちの自爆テロに近い情報リークだったと言うのです。狙いは新・人材バンクによる天下りの改革を阻止すること。官僚を情報源とするマスコミがこれに乗ったと言うわけです。私も他の情報源から聞いて、この見方は正しいと思います。

長期リスク②——格差問題が日本を滅ぼす

格差問題などもその現れです。

格差には、個人の貧富の差もあれば、都市と地方も差もあります。良い産業と悪い産

2007年参院選　各党の獲得議席数

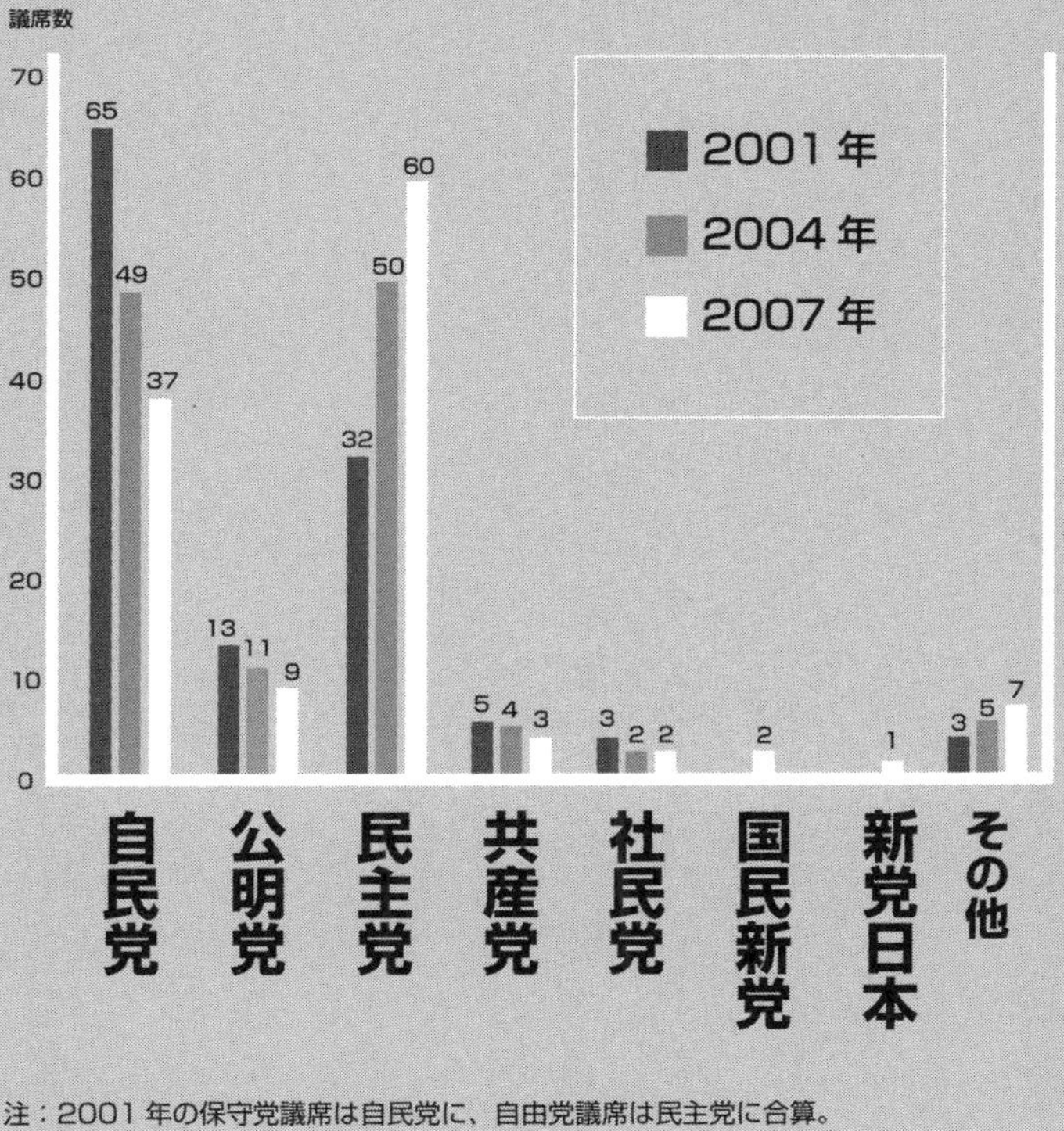

注：2001年の保守党議席は自民党に、自由党議席は民主党に合算。

業の格差もあるでしょう。

それで格差自体を何となく良くないものだと考えていて、なるべく格差をなくそうという話を政府も、いろんな審議会もしています。


しかし、私は、それは恐ろしくおかしいことだと思うのです。

例えば世界の競争で勝ち残ってきたトヨタやキャノンを見てみましょう。彼らは別段談合をして勝ち上がったわけではありません。自分たちの努力で大きくなったのです。もちろんその一方では、脱落していった企業もあるわけです。カメラなども有名なメーカーがなくなっています。経営者や社員が血の出るような努力をして、生き延びてきた会社は、企業間の格差は出ても、国際的に見て日本の一番強い部門になっています。そんな会社は、誉め称えられるし、非常に良い経営だと言われています。

ところが、これが個人になったり、町の問題になったりすると、途端に「格差がいけない」と言い出します。これは間違っています。


個人の場合で考えましょう。

よくテレビで格差問題を報じる時に、貧しい人が出てきて、何か税金が少し上がったりして負担増があると「もう食べられません」という実例が出てきます。

私はもう七二歳になりますが、地元の知り合いで、元々豊かな家に生まれているのに、少し働いては面倒になって辞めてしまうということを繰り返す人がいました。職を転々と変えて、そのうち屋敷も手放して、話に聞くと今はものすごく貧乏していると言います。

一方では会社に入って一生懸命働いたり、家業を継いで必死に商売を保たせようと頑張って、それなりに暮らしてる人がいます。

両者には経済的な格差がありますが、これはあって当たり前です。

地域の格差も同様です。同じ人口一〇万人くらいの都市でも、一生懸命企業を誘致したり、いろいろなアイデアを出して人を集めようとしたりして、町に活気を出そうと努力して、それなりに成功している町もあるわけです。

一方で何の努力もしないで、「若いものが出て行って年寄りしかいない」とか言って文句ばかり言っている町もあります。

これも格差が出て当たり前だと思うのです。

私は慶応義塾大の出身ですので、福沢諭吉の伝記を読んでいます。

コンペティションという言葉は、もう日本語として通用していますが、この英語を「競争」と訳したのは福沢諭吉です。

彼が英語の本を読んでいた時に、まだ徳川幕府の幕臣だった時代ですが、「競争」という言葉を使ったのです。すると、老中くらいの偉い人が出てきて、「そんな言葉を使ってはいかん」と言ったそうです。

「日本は聖徳太子以来、和をもって貴しとなす、という国民だ。なのに『競う』とか『争う』という言葉を使っては、日本人の精神上好ましいことではない」と言って、墨で「競争」と書いた部分を消し潰してしまったのです。

江戸時代から、競争を嫌うカルチャーがあったのです。

しかし、これだけ世界がフラット化して、世界中からインターネットを使って安いものを買える時代になりますと、世界中がつながってしまいます。

例えばアメリカで地方のレストランに予約の電話を入れると、電話はインドにつながって、インド人が受け答えしたりするわけです。インドの人は英語がうまいし、シカゴのレストランならシカゴアクセントで答えるなんてこともできます。それでインドにいながら、シカゴのレストランの予約を請け負って、どの席が埋まって、どの席が空いているかを把握して、アメリカの経営者に報告したりしているわけです。

先日東京でタクシーに乗った時に、ちょうど運転手さんが私と同年輩の方でしたが、親戚の人がフィリピン人と結婚したそうで、その方もフィリピンに行って家を買ってあるそうです。百万円か二百万円くらいのお金で。その方の話によると、フィリピンでお手伝いさんを雇うと月五千円で済むと言います。だから向こうで暮らすと言うのです。フィリピンの方が豊かな暮らしができるからです。

老後をどこで暮らすかという点で、いつのまにか日本とフィリピンが競争関係に入っているわけです。

ですから、聖徳太子以来の「和をもって……」の精神で、競争の字を黒々と塗り潰す体質を持っていて、果たしてこれからやっていけるのだろうかという不安がどうしてもぬぐえないのです。

少し前のゆとり教育全盛の時代に、小学校の運動会の徒競走で、一等をつくってはいけないと、順位をつけないで走らせるということがありました。評論家の大宅映子さんなどは頭から湯気を出して怒っていましたが、一等賞があるからこそトップになろうと頑張るのに、そういうものを「くだらない」と言ってやめさせてしまう体質が日本にあります。さすがに私の孫の学校ではきちんと順位をつけていたのでひと安心しましたが。

このゆとり教育を受けた若者が成人して二〇代から三〇代前半に相当いるのですが、たまたま景気が悪かったこともあり、フリーターになったりニートになったりする人が多いと聞きます。それで政府が手に職をつけるための支援をしようとしていますが、「面倒くさくてやらないよ」という感じで、あまり効果が出ていません。そういう人に限って両親と同居して食べるには困っていないのです。

彼らが四〇代、五〇代になった時、日本は現在の強さを維持できるのだろうかと、不安にならざるを得ません。

その意味で、もう一度教育をやり直す必要があります。少なくとも英語教育は必要でしょう。日本の悪口を言われたら英語で喧嘩できるくらいの語学力、国際的な舞台で英語でディスカッションできる力が必要です。その前提として、正しい日本語で堂々と自己主張できることも大切です。「べつにいーし」なんて意見を言わない人が英語になって急に雄弁になれるワケがないのです。

それで思い出すのは相撲の世界です。

以前、「関口宏のサンデーモーニング」という番組にレギュラーで出ていた時に、ゲストで名横綱だった輪島さんが出て、番組終了後におしゃべりをしたことがあります。その時彼は、相撲の将来を心配していました。ある日、大阪場所の時のことですが、こう言いました。

「今井さん。新弟子紹介というのをやりますから、何人紹介されるか、よく見ておいてください」

私は新弟子紹介なんて気にしたことがなかったので、「どういうわけですか?」と質問してみました。すると、こう説明してくれました。

「毎年新弟子が減っている。去年は一二〇人くらいいたが、もっと減るだろう。しかし、これでは足りないんだ。相撲の部屋は今五〇くらいあって、それぞれ三人か四人弟子が入らないと、部屋の運営が回らなくなる」

つまり、大相撲というのは極めて日本型の社会で、富士山型の組織で一番上に横綱がいて、一番下に若い新弟子がたくさんいるという組織です。昔は、九州や北海道のお百姓さんの子供で身体の大きな子がいれば、「とても食わせられないから相撲でもやってこい」と言って相撲の世界に入らせました。食うために相撲に入ってきて、布団の上げ下げをしたりして足腰を鍛えて、一人前になって勝ち残って上にいくという仕組みでした。

ところが最近は相撲の世界に入らなくても食べていける道があるので、辛抱ができません。一年か二年で辞めてしまうのです。すると、相撲の世界では一年目の若手がやる、一番下の雑用仕事があるのですが、下に新人が入ってこないと、二年目になっても下積みの仕事が続くことになります。すると二年目の人も辛抱できずに辞めてしまうわけです。

こうして人が減ってきたので、次に何とかしようと考えたのが大学出身の若手を入れることです。それで日大相撲部みたいなところに声をかけて入ってもらうわけですが、新人でも二〇歳を超えた大学出の人には一番下の仕事をさせられません。結局、日本流の相撲組織が崩れてしまったわけです。

その時に輪島さんは「これでは将来日本人の横綱がいなくなるのではないか」と予測していましたが、果たしてその通りになりました。

私はこの話を思い出すと、決して相撲界だけの話ではないと感じるのです。普通の会社も含めて、相撲界のように従来の日本型組織が壊れてきているわけです。それは世界的に広げていけば解決できる問題で、決して悪いだけの話ではないのですが、心理的に抵抗を感じる人も多いはずです。大相撲さえ、伝統の組織が壊れて国際競争の世界に入る――こういう変化に対して日本人は耐え切れるのだろうかという心配があるわけです。

長期リスク③――体格が貧弱になっている

さらに日本人の体格が変化していることも心配です。

これは草柳大蔵さんから聞いた話です。静岡大学の先生の研究が元になっている話です。

一つは膝蓋骨《ひざがいこつ》という膝にふたをするお皿です。これが小さくなっているのです。それも一％や二％というレベルではなく、相当小さくなっているそうです。布団を上げたり下げたりしなくなったので弱くなったと言われていますが、骨が弱くなったので、その結果若い人がベタ座りみたいな座り方をするようになりました。

もう一つは小顔になってきたことです。その理由は顎《あご》が小さくなったことです。昔はスルメや小魚をたくさん食べましたが、最近はそういうのを噛まないでポテトチップばかり食べて顎を使わなくなりました。こうして顎が小さくなると頭蓋骨も小さくなって、小顔になるそうです。

頭蓋骨が小さくなる場合、前頭葉の部分の脳みそが小さくなってしまいます。その部分は思いやりや優しさを司る機能がある場所です。最近、すぐキレたり、凶悪な犯罪を犯したりする若者が増えたのも、それが原因になっているかもしれないという話です。

体格自体も、骨格が出来上がる中高生の時期に、日本は受験勉強が中心で身体を鍛えていないために、弱くなっています。

その結果、社会が荒廃していくような現象が、じわじわと広がってきているような心配があります。社会の連帯も薄れてきているように感じますし、パソコンやインターネットでバーチャルな世界に閉じ込もる若者も増えています。

これも非常に心配です。

長期リスク④――日本が飢える日が来る!?

世界の人口問題も心配です。日本は少子化と人口減少が問題ですが、世界は逆に人口増が問題です。

二〇〇七年現在、地球の人口は六七億人です。一年当たり七〇〇〇万人ずつ増えていますから、一〇年後には七億人増えて七四億人、二〇年後には八〇億人くらいになります。

八〇億人になると、現在の耕地面積では農産物が足りなくなります。その時には食糧は取り合いになります。肉となる豚や牛は穀物を食べますから、肉を食べるということは穀物も食べていることになります。従って穀物も肉も食べるということは非常に贅沢なことになります。まずは肉が食べられなくなる可能性が強いでしょう。

日本は食料の自給率が四〇％以下と低いので、輸入せざるを得ません。しかし、世界で食料が足りなくなっている時に、果たして日本に売ってくれるでしょうか。貿易黒字が出ていれば、多少高くても買う力があるでしょうが、いつまでも貿易黒字が続くかどうか疑わしいでしょう。すると為替は円安になって、輸入インフレが起きて、食料も値段が上がって、という形になります。昭和二〇年代の前半の、食べ物がなくてお腹が空いていた時代が再来する可能性があります。

それは私の心配が最悪の形で出た場合の話ですが、今から三〇年後、四〇年後にそうなる可能性があるということだけ指摘しておきます。

長期リスク⑤——アメリカの没落

ドルの不安についても触れておきましょう。ドルはアメリカのグローバリズムの軸になっているという話をしましたが、もちろんこの体制は永遠に続くものではありません。まずユーロの拡大です。今度トルコが入って、次にロシアまで参加すれば、域内の人口は六億から七億人の規模になります。アメリカの三倍近くなるので、ドル一本建ての時代からドルとユーロの二本建ての時代に入る可能性が出てきます。すると、域内の各国の地域通貨があった方が有利だという話になるかもしれません。
その場合、日本には政治的な問題もありますが、アジア各国と話をつけてアジア版ユーロ「アジアン」みたいなものをやる可能性も出てきます。こういうところから、ドルの相対的な地位が下がるシナリオがあります。

アメリカの海外にある債務、つまり借金が膨らんで、いつ限度に達するかという議論もあります。だいたい二〇二〇年代、二〇二五年より後だろうと、基本的には後三〇年くらい大丈夫だろうというのが、主流の意見になっています。その時には世界中がインフレになるという意見もありますが、私はそこまでは起きないと思います。

と言いますのも、現在は世界中の信用がドルを基軸にできあがっていて、例えばオイルダラーは昨年末で五二三〇億ドルもの余剰資金があると言われているのですが、そのうちの六割、三〇〇〇億ドルがドル債やアメリカの株を買っています。これはそんなに簡単に売れません。

また中国は一兆二〇〇〇億ドルという世界トップの外貨準備高を誇っていて、そのお金を運用する機関を別につくって、ドル離れが言われています。しかし、胡錦濤政権は、ブラッドストーングループというアメリカの投資銀行グループにまず投資すると言っています。まず三〇億ドルそこに回して、当分アメリカのドルに対して危ない行動はとりませんよという意思表示をしました。もっともこれは二〇年先、三〇年先の話ですから、どうなるかは現時点ではまだ見通し難です。

ただ、金と兌換しないドル、金の裏付けのないペーパーマネーが、永遠に続くことはないだろうということは知っておくべきです。

従って財産保全という立場では、自分の財産の規模に応じて、ある程度は金を持っていたほうがよいと思います。私は上海から流れてきて香港で成功したあるお金持ちの人と香港で何回か会ったことがあります。軍隊がやってきて上海を追い出された時に、金を持って逃げたそうです。金を持っていると、つかまりそうになっても、金が賄賂になって逃してくれるのです。ベトナムのボートピープルも、逃げられた人は金を賄賂に使ったそうです。

日本がそんな状況になるとは思いませんが、ペーパーマネーというものに対して不信感が出てきた時のために、金をある程度持っていく必要もあるでしょう。五年や一〇年

黄金時代を脅かす５つの長期リスク

1　競争を回避するカルチャー

⇒参院選がもたらした官僚天国

2　格差問題

⇒努力の結果、差が出るのは当たり前だが…

3　体格が貧弱に

⇒膝蓋骨、頭蓋骨が小さくなった

4　世界の人口増加

⇒食糧自給率の低い日本は、いつまで輸入できるか

5　アメリカの没落

⇒アメリカの繁栄は永遠に続かない

では起きないかもしれませんが、ペーパーマネーが一〇〇年二〇〇年続くことはないはずです。

第五章

未来を明るく生きるための心得

自分年金を立ち上げよう

最終章では、これからの一〇年を生きるにあたって、これまでの議論を踏まえて、個人として大切な考え方をお話ししましょう。

まずは投資についてです。

今世界の流れは、大企業がますます儲かる時代に向かっています。各業界で寡占化が進み、大きな利潤を上げる時代です。従って、そういう大きなマーケットをつかみかけている企業に投資することが大切になります。自動車で言えばトヨタなどです。

要するに、これまでのように郵便貯金や銀行預金一本槍というのはやめたほうがいいでしょう。ある程度株式も考える必要があります。

この一〇年ということで言えば、日経平均で三万円から四万円という局面が出るでしょうから、ＥＴＦという上場投信などは、良い利回りになることが期待できます。

外債を考えてもよいでしょう。外国の債券です。企業の債券ですと、潰れるとまずいですから、ソブリンと言って政府の発行する債券の方ですね。これから近代化して離陸する国の通貨は強くなりますから、世界各国のソブリンに投資するような投資信託が必ずあるので、それに注目するわけです。

一九九六年に一〇〇万円ずつ、株式とETFなどの指数型投信、それから外債に、合計二百万円投資したとします。これが一〇年間でいくらになるかと言いますと、三〇八万円になっている計算です。一〇年で五割の上昇ですから悪くないはずです。

内訳で言いますと、株式の方は、途中で大きく下がって一時期は一〇〇万円が五二万円まで下がったりしました。一方外債の方は一度も元本を割らずに伸びています。合計で見ても二〇〇万円を割らずに来ていますので、まずまず良い投資だということになります。

もっと利回りを狙うなら、株式のうち一割くらいはインドの株など外国株を買ってもいいわけです。外債の方も同様で、ニュージーランドの債券など利回りの良い債券がありますが、素人には少し難しいかもしれません。

今のところ、投信の手数料は安いので、リターンの高い外債を組み込んで投資するのが良いと思います。

なぜ、こんな方法を紹介するかと言いますと、これを「自分年金」と称してやってみる必要があるからです。二〇〇〇万円が一〇年で三〇〇〇万円になるなら悪くないでしょう。例えば毎月一〇万円ずつ決まった日に買っていけば、一年間で一二〇万円。二年やれば二四〇万円です。これが将来五割上がれば三六〇万円になります。そのくらいのお金は自分のお小遣い用に持っていてもよいのではないでしょうか。

それで趣味に興じてもよいし、友達と付き合うのに使ってもよいでしょう。家族の反対があっても自分のお金ですから自由に使えるでしょう。人生を豊かにするためには、やはり自由に使えるお金がある程度必要です。

仮に今銀行に二〇〇〇万円預金したとします。そして毎月いくらか孫をどこかに遊びに連れて行くなどして使ったとすると、残高はどんどん減っていきます。預金だと低金利で全然増えませんから、ただ減っていくだけですね。

ところが同じ二〇〇〇万円が年七%くらいで回れば、元本を減らさないままで、小遣いを使えます。

正直言って、公的年金というのは元々頼りにならないもので、当てにしてはいけないのです。若い人が一生懸命年金を払っているのは、老人のために支払っているのであって、自分の将来のために積み立てているわけではありません。今三〇代、四〇代の人が必死に三〇年我慢して働いて、やっと自分がもらう年になる頃には、子供の数が少なくてもらえないかもしれないし、教育が頼りなくてちゃんと稼いでくれるかどうか心もとないのが現実です。はっきり言って、どう考えても公的年金はうまくいきません。となれば、自分で考えないといけません。資産運用の勉強が必要です。銀行一本ではやっていけなくなりますし、リスク商品は苦手だと言っていてはいけない時代になってくるのです。

４０１ｋというやり方があります。確定拠出型年金のことです。アメリカでは、初めは企業から決まった金額を給料から天引きするというやり方でした。今度は、自分がある程度資金を出して、それを組み入れてもいいですよ、生命保険でも、投資信託でも、株でもいいということで、五九歳六ヵ月になった時に利食えば、無税でキャピタルゲインが得られるという仕組みです。

日本もそれを真似しようとしたのですが、月一、二万のレベルでしかできなかったため、あまり普及しませんでした。それが法律改正で金額を増やしてきているので、これからは４０１ｋを使って自分年金をつくれるようになりました。

４０１ｋはやっている会社もやっていない会社もありますし、個人で入るのもありますから研究が必要です。

アメリカの例を見る限り、私は４０１ｋをやる以外に、自分が老齢になった時に、自分の年金を生かす手はないと思います。

多くの人は確定拠出型年金と言われても難しくてよく分からないと感じているでしょう。実際、年金の仕組みはものすごく難しいですから。実は私が理事をしているのですが、国民年金基金連合会というところのホームページに、かなり分かりやすく書かれていますので、参考にしてみたらいかがでしょうか。

これからの時代は金融知識は必須になる

いずれにしましても、これからはインテリジェンス（知性）を磨く必要があります。

実は今、私は一つ面白い取り組みをしております。ＮＰＯ金融知力普及協会の理事をしているのですが、理事長は東大教授の伊藤元重さんで、千葉商科大名誉学長の加藤寛さんなどが参加しています。この協会で「投資甲子園」というのをやっていまして、勝ち抜き戦をやって優勝した高校にはアメリカに行ってもらうのです。ニューヨークの高校に行って、向こうで話を聞くのです。するとみんな衝撃を受けて帰ってくるわけです。向こうでは投資の勉強とか、事業主になるためにはどうすればよいのかということを教えていますから。いい勉強になるのです。

また協会では、大人向けにも投資知識の普及を無料でやっていますので、是非ホームページをのぞいてみてください。

金融と言うと難しいイメージがありますが、必要な知識ですので、是非勉強してみてください。

少なくとも投資信託については多少知っておいた方がいいでしょう。これからもっと普及していくはずです。

一九九〇年代に、アメリカの株価がわずか一〇〇〇ドル台だったのが一万ドル台に駆け上がったのは、銀行が窓口になって投資信託を売り始めたからです。そのあたりから

401kも本格化、普及しました。運用は投資信託会社が行なうのですが、販売は銀行がやるのです。日本も同じです。一〇数年遅れて、投資信託を銀行が扱うようになりました。日本の場合、銀行だけでなく郵便局も始めました。投資信託をやるということは、株の知識もある程度必要になりますから、株式の勉強も大切になるというわけです。

日本の株式は、松下電器やソニーなど財閥系ではないところは、昔からわりと外人がよく買っていました。しかし、財閥系はグループ同士で株を持ち合っているので、六〇％以上の株は絶対に売らないということにして、株主総会でも安定株主ばかりで構成してみんな「賛成」「異議なし」でシャンシャンとあっという間に終わらせてしまいました。いかに短く終わらすかが各社の総務部長の腕でした。しかし、その仕組みはもう壊れています。

安定株主の比率は六〇％が三〇％にまで下がっています。下がった分の二〇％は外国人が買ってくれましたが、銘柄によってはまだ浮動株が多く残っています。その上、M&Aが解禁されたので、外人に会社を買われてしまうのではないかと心配する人も増えています。実際、そういう動きは進行するでしょう。

ただ、安定株主が減って浮動株が増えるということは、それだけ株が買いやすくなるということです。これから日経平均が三万、四万と上がっていく可能性が高いわけですから、チャンスの時代でもあります。

今井式心配三原則

黄金時代のさらに先の生き方、考え方については、あまり多くを語らないことにします。次のことを言っておくにとどめておきましょう。

前章で申し上げましたように、長期的に見れば不安材料はたくさんあります。しかし、それはあくまでも可能性の話です。

正直申し上げて、日本人はそれほど愚かな国民なのかどうか。ゆでガエルが温度の上昇に気づかないまま、煮殺されてしまう前に、問題を解決しようと英知に満ちた人が立ち上がるのではないかと期待しています。

日本は伝統的に外国の優れたものを学び、自分なりに便利なものに処理していくカルチャーがあります。

例えば、一〇〇〇年以上も前、中国には世界最高の文化がありました。そこで日本人は漢字を導入しました。さらに日本語を万葉仮名にし、万葉仮名をひらがなとカタカナにし、本家の中国以上に、非常に弾力性のある素晴らしい文字文化をつくってしまいました。その分複雑な文章になったかもしれませんが、細かな文章のニュアンスを伝えられる味のある文章を書けるようになりました。「いろはにほへと」も漢字を徐々に崩してできたものです。日本には取り入れたものを上手に自分のものにする伝統があるのです。

今、中国の京劇を見て、日本の歌舞伎のルーツだと分かる人はあまりいないでしょう。顔の隈取りなどは少し似ていますが、京劇を日本に入れて、歌舞伎というほとんど別の独自の文化に昇華させてしまったわけです。

日本人はそういう英知があります。外資の考え方でも４０１ｋにしても金融の考え方にしても上手に取り込んでいく可能性があります。

少子化の問題も深刻ですが、日本だけの問題ではなく、少子化に苦しむ国はほかにもあります。世界中で研究をしていれば、どこかで名案を出す人が出てくるかもしれません。その時には日本は得意のお家芸で、その名案を導入して、日本流にアレンジすればよいのです。それはきっとできるでしょう。

期待ではなく、そう確信しています。

私が本書で指摘した問題は、目新しいことではありません。みんなが気づいている問題ばかりです。今のところ、私にはこれという解決策があるわけではありませんが、必ず誰かが優れたアイデアを出すでしょう。少子化も食糧問題も、どんな問題も必ず解決されると楽観しています。

楽観は、努力の所産です。

悲観して言う方が楽なのです。悲観論を振り回す方が人間は利口に見えるし、何とかなるよと言うと人の目には無責任だと映ります。

しかし、現実には「最後には何とかなるだろう」という楽観は非常に大切な考え方なのです。

今井家の家訓は「思えば、そうなる」です。私の生まれた家は、東京の貧乏な下町の書道の先生ですから、決して上流階級の出身などではありません。しかし、「そうなる」と思い続けて、私自身もアナリストとして好きな仕事で働き続けることができています し、私の経済予測は楽観論が多いのですが、かなりの予測が思ったとおりになっていま す。

そこで最後に、私のモットーでもある「心配三原則」というのを紹介します。「失敗三原則」と言い換えても構いません。

何か大失敗をしでかしたとします。その時どう対処するかという話です。

第一の原則は、「最悪の状況を考える」です。その失敗が原因で事態が悪化した時、最悪どこまでいくだろうかを考えるのです。希望的観測しないことです。

第二の原則は、「最悪の状況でどう行動するか決めておく」です。最悪の状況に陥った時に、脱出法なり対処法なりを予め考えておきます。何をするかをもうハラの中で決めてしまうのです。

第三の原則は、「通常、最悪の事態にまでならないので、明るく生きる」です。たいてい、どんなに事態が悪化しても、最悪のケースにまではいかないものです。一歩手前で止ま

今井式心配三原則

第一原則

最悪の状況を考える

第二原則

最悪の状況でどう行動するか決めておく

第三原則

通常、最悪の事態にまでならないので明るく生きる

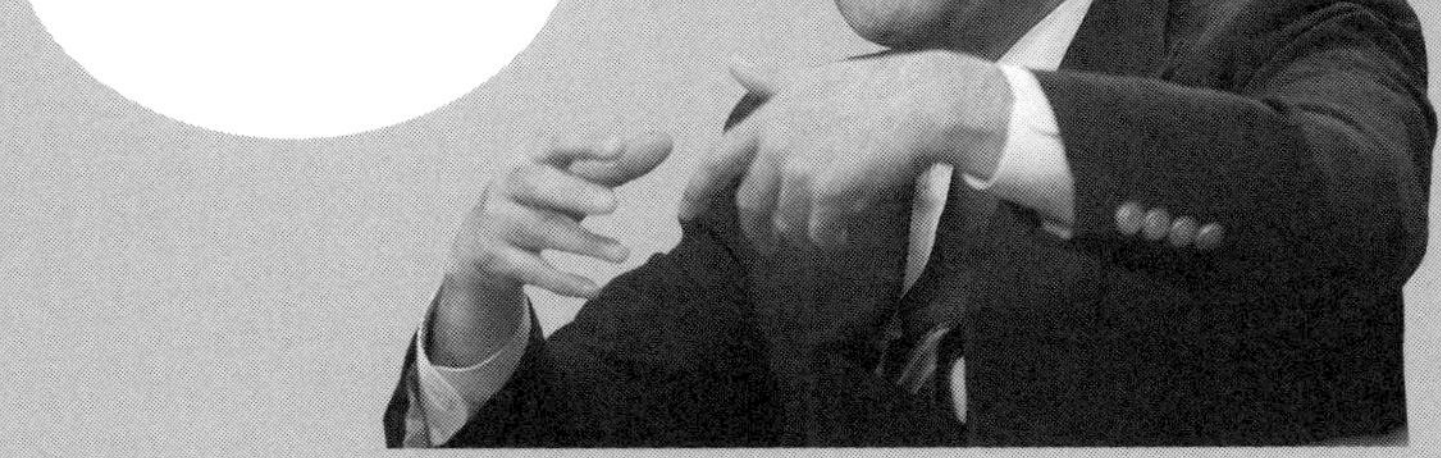

るものです。私の場合もそうでした。これからもそうでしょう。万一最悪の状況になったとしても、覚悟は決まっているし、その際の行動も決めているわけですから、心配しても仕方がありません。最悪の事態を迎えるまで、気にせず明るく生きればよいのです。途中で事態が改善したら、ますます明るく生きればよいのですから簡単です。

これが今井式「心配三原則」です。

日本の経済のことを考えた時、第一原則の「最悪の状況を考える」のところだけを言って終わりにする無責任な批評家が多くて困ります。次の「行動」のところまで行かないといけません。その上で第三の「明るく生きる」まで行くのです。

明るく生きることは能天気のすすめではなく、努力してこそ、ものにできる明るい人生観です。この心構えがあれば、日本の未来も、人生の将来も明るいものになるはずです。

参考書籍

『新帝国主義論』武者陵司著（東洋経済新報社）
『ゴールデン・サイクル』嶋中雄二著（東洋経済新報社）
『日本の選択』ビル・エモット、ピーター・タスカ著（講談社インターナショナル）
『人々はなぜグローバル経済の本質を見誤るのか』水野和夫著（日本経済新聞出版社）
『中国の統治能力』国分良成編（慶應義塾大学出版会）
The End of Detroit,Micheline Mayard（Doubleday）
日経BPNET二〇〇七年七月一九日付
エコノミスト・ニュースレター二〇〇六年一〇月一七日付

著者プロフィール

今井 澂（いまい・きよし）

1935年東京生まれ。慶應大学卒業後、山一證券、日債銀を経て独立。証券アナリストの草分けの一人で、慶應大学商学部、白鷗大学経営学部での講義の傍ら、国際エコノミストとして活躍。1990年に株価の暴落、94年に1ドル80円の超円高、2001年に2年後の株価底打ち、02年に株価の上昇を予測し、見事的中させる。海外の投資家に豊富な人脈を持ち、その取材力と独自の経済分析で、ヘッジファンドやデリバティブ、中国特需の到来をいち早く予見。72歳の現在に至るまで現役のアナリストとして活躍し、緻密な経済分析と分かりやすい解説とで定評がある。

主な著書に『ヘッジファンドで増やす時代』（大井幸子氏との共著、東洋経済新報社）『今井澂の複合的投資戦略3年後に笑う!』（ビジネス社）『中国株で資産5倍』（ビジネス社）『日本株「超」強気論』（毎日新聞社など）。レギュラー出演しているテレビ埼玉「今井澂の美女とヤジ馬」（テレビ神奈川、テレビ千葉でも放映）は300回近い長寿番組となっている。その他、経済企画庁「欧州通貨統合研究会」委員、（財）国民年金基金連合会「確定拠出金規約策定委員会」委員、NPO金融知力普及協会理事、（財）年金シニアプラン総合研究機構理事などを歴任。

最後の黄金時代が来た
かくて日本はツキまくる

2007年 9月30日　初版第1刷発行
2007年10月27日　　　第3刷発行

著　者／今井 澂
発行者／本地川瑞祥
発行所／幸福の科学出版株式会社
〒142-0051 東京都品川区平塚 2-3-8
TEL.03-5750-0771
http://www.irhpress.co.jp/

印刷・製本／中央精版印刷株式会社

落丁・乱丁本はおとりかえいたします

ISBN978-4-87688-584-8

幸福の科学出版の本

史上最強の経済大国
日本は買いだ
証券アナリスト　佐々木 英信 著

90年株価暴落、95年1ドル100円割れ
03年株価底打ち——日本経済の大転換期を
ズバリ的中させてきたカリスマ・アナリストが
10年ぶりに放つ大胆予測。
「株価予測、私の手法」を特別収録!

定価1,575円
(本体1,500円)

格差社会で日本は勝つ
「社会主義の呪縛」を解く
経済学者　鈴木真実哉 著

「格差社会」は悪ではない。
むしろ、「努力が報われる社会」としての
格差社会を肯定すべきだ——。
社会主義からの呪縛から日本人を
解き放ち、真の経済大国へと導く注目の書。

定価1,575円
(本体1,500円)

セブン-イレブンに学ぶ
発注力
顧客心理を読む「個店経営」
緒方知行 著

発注は小売業の命であり
その精度が商売の成否を決める。
小売業界トップ・セブン-イレブン研究の
第一人者である著者が、顧客心理を読む
「個店経営」の真髄をあきらかにする!

定価1,470円
(本体1,400円)

感化力
スキルの先にあるリーダーシップ
大川隆法

いつの時代も、人を動かすリーダーに
求められている感化力。
人の心は、いつ、どのようにして動くのか。
何が人を生かし、組織を伸ばすのか——。
実績に基づく愛と智慧のリーダー学がここに。

定価1,575円
(本体1,500円)

幸福の科学出版の雑誌

心の健康誌

アー・ユー・ハッピー？

毎月15日発売
定価520円（税込）

心の総合誌

The Liberty ザ・リバティ

毎月30日発売
定価520円（税込）

全国の書店で取り扱っております。
バックナンバーおよび定期購読については
下記電話番号までお問い合わせください。

幸福の科学出版の本、雑誌は、インターネット、電話、FAXでもご注文いただけます。

1,500円以上送料無料! **http://www.irhpress.co.jp/**（お支払いはカードでも可）

フリーダイヤル **0120−73−7707**（月～土 / 10時～18時）

ファックス **03−5750−0782**（24時間受付）